Information and Communication Technology

高等学校
ＩＣＴ活用で実現する
個別最適な学び・
協働的な学び

北海商科大学学長
堂徳将人　編著

目次

第6章　小・中学校の学びを高校につなげる――赤間　幸人　137

第1章

「個別最適な学び」「協働的な学び」をつなぐＩＣＴ

北海商科大学学長
堂徳　将人

「「令和の日本型学校教育」の構築を目指して」（答申）（2021年１月26日、中央教育審議会）では、「全ての子供たちの可能性を引き出す、個別最適な学びと、協働的な学びの実現」という副題が付けられた。そして、両者の一体的な推進のためにＩＣＴの活用が強調されている。本章では「個別最適な学び」「協働的な学び」の一体的推進とはどういうことか歴史的な経緯から検討するとともに、そこに資するＩＣＴ活用の基本的な考え方をまとめる。

今日、Society 5.0 時代の到来と予測困難なグローバル化する世界にあって、教育は未曾有の転換期を迎えています。それは、150年ほど前に先進諸国に確立した近代学校制度が「一斉授業」を基盤としていたのに対して、「「個別最適な学び」と「協働的な学び」の一体的な充実」へ基盤を転換したと言い換えることができましょう。

同時に、ICTは、こうした時代の要請に応える教育改革のコアとして位置づけられようとしています。ICTは、情報通信技術と訳され、その中心にCommunication（通信・伝達）が入っていることから、単なる「IT」とは異なり、技術や情報処理にとどまらず、ネットワークを利用した情報や知識のやり取り、人と人とのつながりに重きが置かれていると言えます。それを教育現場で活用するICT教育の推進は、AI（人工知能）をはじめとしたDX（Digital Transformation）が進展する社会にあって、次代を担う子どもたちに必須のものとなっています。

そうしたなか、2021年に発表された「「令和の日本型学校教育」の構築を目指して」（中央教育審議会答申、2021年1月26日、以下「令和の日本型学校教育答申」）は、「全ての子どもたちの可能性を引き出す、個別最適な学びと、協働的な学びの実現」を主題とした教育改革の一層の進展を掲げています。ここでは、「指導の個別化」と「学習の個性化」を教師視点から整理した「個に応じた指導」と、学習者視点から整理した「個別最適な学び」を概念として示し、その上で「個別最適な学び」が孤立した学びにならないよう「協働的な学び」を重視して、これらの一体的な学びの推進を求めています。

本稿では「令和の日本型学校教育答申」が求める「個別最適な学び」「協働的な学び」に果たすＩＣＴ教育の役割を考察するとともに、その課題を明確にし、高校教育での推進方策について検討していきます。

1.「個別最適な学び」「協働的な学び」とＩＣＴ

（1）「指導の個別化」と「学習の個性化」からなる「個に応じた指導」を考える

「令和の日本型学校教育答申」の具現化に向けては、これからの学校教育において育成すべき資質・能力を明確にする必要があります。社会の変化が一層激しさを増して、先行き不透明な時代を生きる子どもたちに身に付けて欲しい力を検討し、明確な教育観や学力観に立つことが不可欠であり、そのため「指導の個別化」と「学習の個性化」からなる「個に応じた指導」を整理し、「個別最適な学び」の意義を考察することが重要です。

歴史を振り返ると、１５０年にわたる近代学校教育においては、基本的に一斉授業方式が採られてきました。日本でも、明治半ばには等級制学級から学年制学級へと変わり、教科書も導入されて、1人の教師が50名余りの同一年齢の子どもたちの指導に当たる「一斉・画一授業」という指導法が確立し、戦後の学校教育にも継承されました。こうした学校教育は戦後の「追いつけ追い越せ」から「高度経済成長」に至る工業化社会を担う、言い換えれば均一で勤勉な人材の育成に大いに貢献したものでしょう。

他方、アメリカやイギリスでは1950年代後半には、「指導の個別化」「学習の個性化」へ向けての教育改革がはじまりました。アメリカではスプートニクショックにより1958年には「学校教育の現代化」運動が開始され、我が国にもJ・ブルーナーの『教育の過程』など「教育内容の現代化」が大きく紹介されましたが、「教育方法の現代化」は脚光を浴びることがありませんでした。

ところが、150年の学校教育制度の基盤を成す「一斉授業」に対して「指導の個別化」への道筋を開いたのは、この「教育方法の現代化」にあると思います。具体的には「個別学習」プロジェクトと称される授業形態があり、学年制をとりつつ、自由進度学習を基盤にした習得主義に基づく教育が行われます。一例として、小学校のスキル教科（3Rsなど）では、数10名の子どもたちが数名~10名程度のグループに分かれ、各自が目標に準拠した課題に取り組みます。これを4~5名の教師が個人指導をしますので、教師が黒板を背にして教壇から指導することはありません。こうした方法のベースには、人間の成長のペースや学習に必要な時間は一人ひとりがみんな違うという考え方があり、極論すれば無学年制の在り方にもなります（スキル教科以外では年齢を同じくする学年・学級で同じ内容を学習しますし、年齢と共に進級する制度も維持されます）。ここに「指導の個別化」の源泉を見いだすことができます。

一方、「学習の個性化」の源泉は、イギリスの「インフォーマル教育」に見ることができます。１９６８年、イギリス政府は「プラウデン報告書」を刊行し、１９３０年代からはじまる小学校などでの実践状況を公表しました。「インフォーマル教育」とは文字通り「型にはまらない教育」ということですが、その核心は「児童中心主義」にあって、子どもの興味・関心に基づくテーマ学習が成果を収めたことにあります。

同一年齢の学級は解体され、異年齢の集団が子どもの興味・関心から組織され、協働的な学びが行われました。また、「インフォーマル教育」は１９６０年代のアメリカで「オープン教育」として拡がり、「学校と地域・教室と教室の壁を開き、時間・学年・教科の壁を開く」動きを見せました。コミュニティスクールやオープンスペース（多目的教室）、ティームティーチングなどは今日の日本や世界の学校教育へ拡がっているものです。

そうして、日本国内でも１９８０年代には、受験競争の過熱やいじめ・不登校などの「学校荒廃現象」が取り沙汰される文脈で、「一斉・画一授業」等の問題点が指摘され始めました。

それを契機に国でも、「指導の個別化」と「学習の個性化」から成る「個に応じた指導」が検討されました。具体的には臨時教育審議会（1984〜1987年、以下、臨教審）での3年にわたる審議が行われ、国民的な関心を集めることになりました。臨教審での審議は多岐にわたり、四つの部会と運営委員会で組織され、1〜4次にわたる答申が出されました。「最終答申」（1987年8月）では、「21世紀を展望した教育の在り方」が視野に入れられ、教育改革の三つの視点を示しました。

一つは「社会の変化への対応」。特に情報化や国際化への対応を強調しています。二つ目は「生涯学習体系への移行」。学校教育の自己完結性や人間の評価が学歴偏重になっていることを改め、リカレントを含む生涯の学びの重要性を提唱しています。そして三つ目が「個性重視の原則」。ここでは「教育の自由化」の議論もありましたが「自由化」という表現はとらず、「これまでの我が国の教育の根深い病弊である教育の画一性、硬直性、閉鎖性を打破して、個人の尊厳、自由・規律、自己責任の原則」を確立することであるとされました。

それから35年が経過しますが、「社会の変化」は一層激しさを増し、「情報化」は高度情報化へ、とりわけＩＴ社会の次に到来したＤＸの進展によってＡＩやＩoＴがフル活用される「Society 5.0」が進展しています。また、「生涯学習体系への移行」では、一人ひとりが豊かな人生を歩むに必要な学びの機会が拡充され、ウェルビーイング（ＯＥＣＤ「ラーニング・コンパス（学びの羅針盤）２０３０」）の考えが世界的に共有されてきています。そして、「個性重視の原則」は、この度の「令和の日本型学校教育答申」を考察する上で、極めて重要な意義を持つに至っています。

さて、「個性重視の原則」は臨教審の「第2次答申」（１９８６年4月）にて次の通り提唱されます。すなわち「生涯にわたる人間形成の基礎を培うために必要な基礎的・基本的な内容の修得の徹底を図るとともに、社会の変化や発展のなかで自らが主体的に学ぶ意志、態度、能力等の自己教育力の育成を図る。また、教育内容や指導方法の多様化を推進するとともに、学校教育をできるだけ社会に開かれたものにすることに留意する」として示されていました。ここで言う「自己教育力」はその後の学習指導要領のスローガンの「生きる力」へ、そして「社会に開かれた学校」は現行指導要領の「社会に開かれた教育課程」へと変遷したように、「個性重視の原則」は昭和から平成を通じて展開され『令和の日本型学校教育』のコアとして継承されたと見ることができます。

その根拠として、上述の臨教審第2次答申には「個々の児童・生徒が充実感を味わえるような教育の在り方にするためには、教育の機会や教育内容の多様化を推進するとともに、指導方法の個別化と自主的、自発的な学習方法を重視すべきである」と記されていたことが挙げられます。また、臨教審「最終答申」の後、中央教育審議会を経て、１９８９年に学習指導要領が改訂されましたが、その冒頭の文章にも注目したいと思います。

「……学校の教育活動を進めるに当たっては、①自ら学ぶ意欲と社会の変化に主体的に対応できる能力の育成を図るとともに、②基礎的・基本的な内容の指導を徹底し、③個性を生かす教育の充実に努めなければならない。」（1989年学習指導要領、「教育課程編成の一般方針1-1-1」、文中①〜③は筆者）

なぜ注目すべきかですが、それまでの学習指導要領改訂は教育内容に終始してきたと言ってよいでしょう。しかし、臨教審以降の学習指導要領ではいずれも上記の内容が継承されています。すなわち、「①自ら学ぶ意欲と社会の変化に主体的に対応できる能力」は、これからは変化の激しい社会であることを前提にしているもので、「自ら学ぶ意欲」は生涯学習を支える学びの内発的な学習意欲を、「主体的に対応できる能力」は知識や技能の習得だけでなく、思考力・判断力・表現力などを活用した創造的な認知能力ということになりましょう。つまり、ここに記された①〜③は、その後、3回にわたる学習指導要領の改訂（1999年、2009年、2018年）を経て、今日の「学力の三要素」としての「習得」「活用」「探究」へと連なるものとみることができます。

特に②「基礎的・基本的な内容の指導を徹底」が目指す学力は、全ての子どもたちに等しく身に付けさせたいものですが、③「個性を生かす教育の充実」では、他の子どもとは違う学力（当時は新しい学力観として、観点別の学力が示されました）を養うことが必要です。その意味では、当時の１９８９年学習指導要領は、「基礎・基本」と「個性」が並ぶ分かりにくい文章であると言えます。しかし、「令和の日本型学校教育答申」が提唱する「指導の個別化」と「学習の個性化」を教師視点から整理した「個に応じた指導」を考察するに当たっては、この一見矛盾する「基礎・基本」と「個性」の関係を整理することが重要です。

（2）「求同求異の教育」

矛盾した考えの整理のために役立つのが、少し前の話になりますが、教育心理学者の北尾倫彦氏の考えです。当時、北尾氏は「基礎・基本」と「個性」の関係の考察を深め、「求同求異の教育」という考えを示し、達成すべき目標という観点から次のように論じています（北尾倫彦著『新しい学力観を生かす先生』図書文化、１９９３年）。

「「基礎・基本の徹底」は個人差の解消を目指して教育指導が行われるべき目標であるのに対して、「個性の伸長」は個人差の拡大を目指して教育指導が行われるべき目標だということができると思います。」（76ページ）

「国民として必要とされる（中略）全ての子どもの学力を同じにするという意味から「求同」の目標とよんだのです。他方、これからの社会、とくに国際化が進む社会においては（中略）個人差の拡大をめざして教育指導が行われるべき目標のことを「求異」とよんだのです。」（77～78ページ）

すなわち、明治以来の日本の教育は、基礎・基本が重要な意味を持ち「求同」教育が重視され、「求異」教育に目がむけられることはほとんどなかったとしています。その上で、著名な教育学者で数学者の遠山啓氏の「自動車学校型」と「劇場型」を引用して、一律に同じ事ができるよう指導する「自動車学校」と、自分の興味に応じて選択したり、何かを感じ取る演劇や音楽などの「劇場」との二つのタイプがあることを説明し、学校教育では「求同」「求異」、二つの教育目標を同時に達成することが必要であることを示しました。

次に、教育方法についても、「求同」と「求異」があるとしています。

「すべての子どもが同じ教材を、同じ学び方で、同じ時間内に、同じ場所で学習しなければ同じ学力を等しく身に付けさせることができないというものではないからです。目標が求同であっても、方法は求異でということがあり得るわけです。」（81ページ）

この点は、後に述べるＩＣＴの重要性と有用な活用を想起させるものです。

さて、図は前出の北尾氏による、教育の目標と方法を2軸とした「求同・求異の二次元モデ

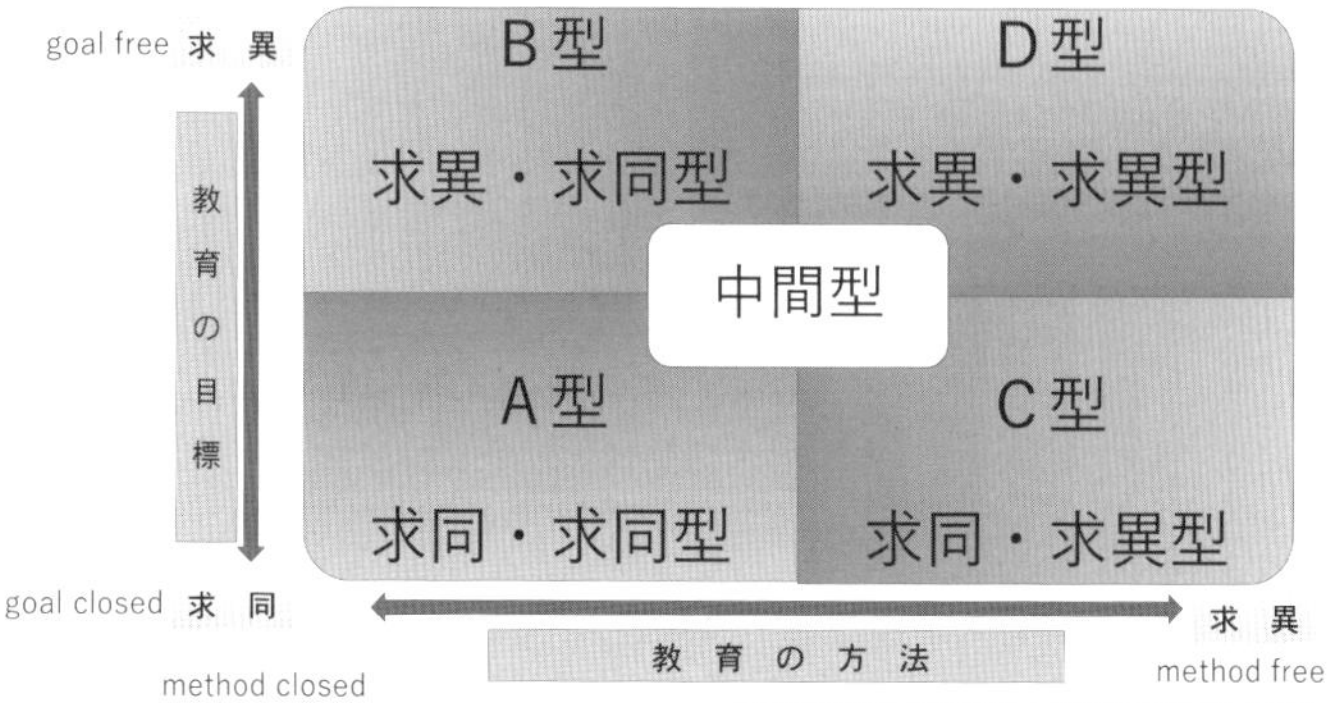

図 「求同・求異」の二次元モデル〜教育目標と教育方法〜

ル」です。縦軸の目標は下向きの方向が共通の目標へ全員を到達させ、上向きの方向が一人ひとりが違った目標へ進む方向です。それは「基礎・基本の徹底」と「個性の伸長」という教育目標に対応します。横軸の方法では、全員に同じ方法を強いるか、自由にするかが両軸をなします。「指導の共通化」と「指導の個別化」がこれらに対応します。

Ａ型は目標も方法も同じです。授業では一定の教育目標を設け、同一の教材を与え、同じ学習活動を同時間に行うものです。黒板を背にして語りかけてきた伝統的な授業形態はもとより、学校行事などでも一列縦隊で行進するような場面がよく見られますが、これらは一斉授業として実施されてきました。この類型は画一的として批判されてきましたが、効率のよい指導体制と言え、様々な工夫の下、改善充実も図られてきました。ただ、「個性化」には対応できない類型であることに留意する必要があります。

B型は、同じ課題や題材で学習活動をさせながらも、一人ひとりに多様な考えや感じ取り方を引き出し、異なる教育目標を達成する類型です。授業では同一の教材を与えながらも、読み取り方や解決方法を各自に任せ、結果として異なる学力を身に付けさせます。一斉指導の全てがA型に属していたのではなく、優れた教師は個の特性を生かす力量を持っていました。そのため、B型までをも画一的と非難することはできませんが、この類型だけでは「個性化」を達成することには限界があります。

C型は共通の目標に向けての教育活動ですが、目標に至るコースや課題は個々によって異なるものを用意します。子どもの特性や習熟度に応じたコースや課題を用意したり、習熟度に応じたグループ学習や補充学習などが行われます。コースを変えなくとも、個人によって発問やヒントを変えたり、題材を変えるという個別の対応で共通の目標を達成する方法も、この類型に分類されます。

D型は、目標と方法を個人によって変え、完全な個別化を図ります。子どもが持っている個性的な可能性を最大限に伸ばすため、多様な課題やコースの中から選択し、主体的に学びます。通常の授業では制限があるでしょうが、今では「総合的な探究の時間」をはじめとした探究的な学習は各科目にも広がっています。また、修学旅行等の学校行事における個人プロジェクト課題などの他、長期休業期間等の自由研究なども同様です。

「求同求異の二次元モデル」の中では、Ａ～Ｄの四つの類型が示されましたが、筆者はその中間型が重要であるように思います。授業のスタートではＡ型の一斉型で導入し、途中からＣ型のグループ学習を入れたり、目標を個別化してＢ型で行ったりして、整理の段階ではＡ型に戻って発表し合い、その内容は各自が探究課題としてＤ型の事後学習として展開することも考えられるからです。

「令和の日本型学校教育答申」が目指す基本的方向性も、この辺にあろうかと思います。「一斉」は個々の事情を考慮せず一律に扱うことの意ですから対局には「個別」がありますし、「画一」は個性を無視して全体を同じに扱うことを意味しますから、その対局には「個性」があります。Ａ型が問題なのは、答申が示すように「正解主義」や「同調圧力」への偏りとしての「一斉・画一」型の授業にあったものと思います。つまり、「基礎・基本」と「個性」の両立は、近年の教育改革の主要なテーマであり続けたと言うことができましょう。

このことを前提に、改めて同答申のポイントとなる部分を挙げておきます。

「基礎的・基本的な知識・技能を確実に習得させ、思考力・判断力・表現力等や、自ら学習を調整しながら粘り強く学習に取り組む態度を育成するため、教師が支援の必要な子供により重点的で効果的な指導を行うことなどで効果的な指導を実現することや、子供一人一人の特性や学習進度・学習到達度等に応じ、指導方法・教材や学習時間等の柔軟な提供・設定を行うことなどの「指導の個別化」が必要である。」（17ページ）
「基礎的・基本的な知識・技能等や、言語能力、情報活用能力、問題発見・解決能力等の学習の基盤となる資質・能力等を土台として、幼児期からの様々な場を通じての体験活動から得た子供の興味・関心・キャリア形成の方向性等に応じ、探究において課題の設定、情報の収集、整理・分析、まとめ・表現を行う等、教師が子供一人一人に応じた学習活動や学習課題に取り組む機会を提供することで、子供自身が学習が最適となるよう調整する「学習の個性化」も必要である。」（17ページ）

いかがでしょうか。ここで述べてきた「求同求異の教育」も踏まえると、「個別最適な学び」とは、「学習者が希薄な目標のもとで強制され受動的に学ぶ」のではなく、基礎・基本と個性の伸長とを両立させる、まさに「一人ひとりが主体的な学習の主役となり得る学びの姿」を指すものであることが分かると思います。

2.「個別最適な学び」「協働的な学び」を一体的に進めるためのICT

「令和の日本型学校教育答申」では「個別最適な学び」が孤立した学びにならないようにするため、「協働的な学び」を一体的に進めることが重要であるとしています。そして、「協働的な学び」については、これまでも「日本型学校教育」において重視されてきた学びであると位置づけ、「探究的な学習や体験活動などを通じ、子供同士で、あるいは地域の方々をはじめ多様な他者と協働しながら、あらゆる他者を価値のある存在として尊重し、様々な社会的な変化を乗り越え、持続可能な社会の創り手となることができるよう、必要な資質・能力を育成する「協働的な学び」を充実することも重要である。」（18ページ）と記しています。

既に述べてきた通り、「個別最適な学び」を教師視点からみた概念である「個に応じた指導」は、「指導の個別化」と「学習の個性化」の双方を含意します。その際、「個別化」は「一斉・画一」への偏重を改め、一人ひとりの子どもにとって最適な学びをきめ細かく指導・支援するところに重点が置かれるべきであるものの、決して「孤立した学び」へとシフトすることを意図するものではありません。

なぜなら「個性」は一人ではなく、集団の中でこそ花開くものであるからです。「個性」とは、他との違いであり、違いが際立つほど、個性的であることになりますから、「学習の個別化」

を一人っきりの学びとすることには決してなり得ないのです。

したがって、「協働的な学び」についても、「同一年齢」か「無学年制」か、「履修主義」か「習得主義」かなどの狭義な学校教育の在り方への考察を超えて、「知・徳・体」のバランスのとれた発達、いわば人格の完成に向かうに不可欠な「学び合い」や「支え合い」、「切磋琢磨」や「共創」などから体得される「自己有用感」や「自己肯定感」をも見通すことが重要です。

そして、ここで考えるべきがICTの活用です。新型コロナ感染症により、社会に定着した働き方にオンラインがあります。会社へ出勤しなくとも可能となったミーティングや取引等は、ビジネスはもとより多くの職業領域へと拡がりを見せました。それは、便利さだけではなく、移動にかかる交通費や事務所の賃貸料など、経営に係る費用の大幅な縮減にもつながりました。さらには、満員電車や長距離・長時間での通勤の無駄を省き、働き方改革の一つとしても注目されて、現在も多くの企業等で採用されています。今後もテレワークやそれに伴う働き方改革はもとより、ジョブ型雇用などが検討されていくでしょう。

しかし、一方では、テレワークからオフィスワークへ戻そうとする企業が増えていることが報道等で話題になっています。その理由には、一体感や臨場感などがより強度なオフィスワークの方が、様々なマイナス要因を差し引いたとしても、むしろ生産性が高いと指摘されたからです。しかも、IT企業やAI・IoTなど、テレワークを率先垂範してきた企業もその例外ではないとされています。２０２３年５月の新型コロナ感染症の５類への移行も受け、今後はリアルな働き方の見直しが、テレワークの利便性とのバランスを取りながら進められるのではないでしょうか。

こうした動向から見ても、教育ではＡＩの進展をはじめ変化する社会にあって、これからの社会を担う人を育むとの教育観と学力観に立ち返って検討し、望ましい学びの姿を追求することが必要です。

それでは、「令和の日本型学校教育答申」が掲げる「「個別最適な学び」と「協働的な学び」との一体的な充実」をどのようにして実現するか。ＩＣＴ教育はこの実現のため、有用な手段になることは間違いありません。

それは、例えば前述した「求同求異の教育」において、「全ての子どもが同じ教材を、同じ学び方で、同じ時間内に、同じ場所で学習しなければ同じ学力を等しく身に付けさせることができないというものではないからです。目標が求同であっても、方法は求異でということがあり得るわけです」と記した中に見て取ることができます。まさに、ＩＣＴは「同じ教材」（アナログ教材の限界）や「同じ学び方」（集団での指導方法の限界）を超えて多様化させ、「同じ時間」（画一的な時間割）や「同じ場所」（学校・教室の空間）を超える意味で多元化させてくれます。つまり、ＩＣＴに期待されるのは、これまでの学校教育には限界があるとされた「時間」

と「空間」と「仲間」を拡充させる可能性にこそあるのではないでしょうか。

このように、本章では「個別最適な学び」の本質に立ち返り「協働的な学び」との一体的な推進の意義を検討し、「両者をつなぐICT」の可能性を探ってきました。次章からは、ICTの可能性や、その具体的な実践を紹介していきます。

第2章は、ICTの段階的な導入の方策についての論考です。いかなる理念や理論に基づく教育改革であっても、教室の戸口の前で止まってしまうのでは意味がありません。ICTをカリキュラム・マネジメントに位置づけ、教室の授業実践につなげるための基本的な考え方として参考にしていただきたいと思います。

第3章では、伝統校でBYODを導入し、校内研修を通じて共通理解を図りながらICTを推進した実践報告です。端末の使用を自己目的化することなく、あくまでも生徒の「学びの質を高める道具」として活用することの意義を明瞭に示しています。

第4章では、「コミュニティスクール」（2012年導入）におけるICTの推進事例を紹介しています。学校と地域が一体となったクラウドサービスの導入、運用、活用や、BYODを使ったスタディログの先駆的な取組、災害などの緊急時への準備はもとより、通学バスのWi-Fi設置は優れたアイディアと言えます。

第5章では、「遠隔授業」の推進方策を配信校と受信校の双方の立場から紹介しています。広域な北海道では少子化の影響もあって高校の小規模化が進む中、科目の専門性を担保し、複数校（クラス）の生徒間を結ぶ学習は不可欠です。少子・人口減少社会にあって、ＩＣＴをどうつなげていくか、全国的にも敷衍される事例として参照いただけると思います。

第6章では、ＧＩＧＡスクールが先行実施された小中学校の実践紹介です。小中学校での「個別最適・協働的な学び」の推進について、そしてICT活用事例について各教科での活用はもとより、学校通信の作成や校務の効率化、複式学級での学びの広がりなどにも触れています。そうした小中学校での実践を高校ではどのように拡げ深めていくか、学びの連続性を活かしたＩＣＴの活用方策を考える契機になると思います。

「個別最適な学び」と「協働的な学び」の一体的な推進は、長年にわたり教育改革の柱であるとされながら、その具現化が果たされたとは言いがたいものがあります。「社会に開かれた教育課程」を理念とする新学習指導要領の下で開始された新教育課程の成否は、時間と空間などの制約を超える手段としての「ＩＣＴを活用」した、新しい時代に相応しい「学校教育の創造」にあるものと確信します。

第2章

ＩＣＴを活用した高校づくり

京都精華大学メディア表現学部教授
鹿野　利春

高校でのＩＣＴ活用も少しずつ進んでいるが、まだまだの学校も多いだろう。本章では、文部科学省で情報科の教科調査官として学習指導要領改訂にも先導的な役割を果たした鹿野氏が、改めてその基本的な考え方とポイントをまとめていく。

1. 近未来のＩＣＴを考える

近未来のＩＣＴを考える際に必要な視点が二つある。それは、「近未来の社会」という視点と「そこで必要な教育」という視点の二つである。

まず、「近未来の社会」から考えてみよう。日本経済団体連合会の提言「Society 5.0―ともに創造する未来―」では、図1のような社会の発達段階を提示している。

Society 1.0が狩猟社会、2・0が農耕社会、3・0が工業社会、4・0が情報社会、そしてSociety 5.0と続いている。これは、6・0、7・0とずっと続いていくと考えられるが、それぞれで必要な資質・能力は異なる。例えば、狩猟社会は走るのが速くて

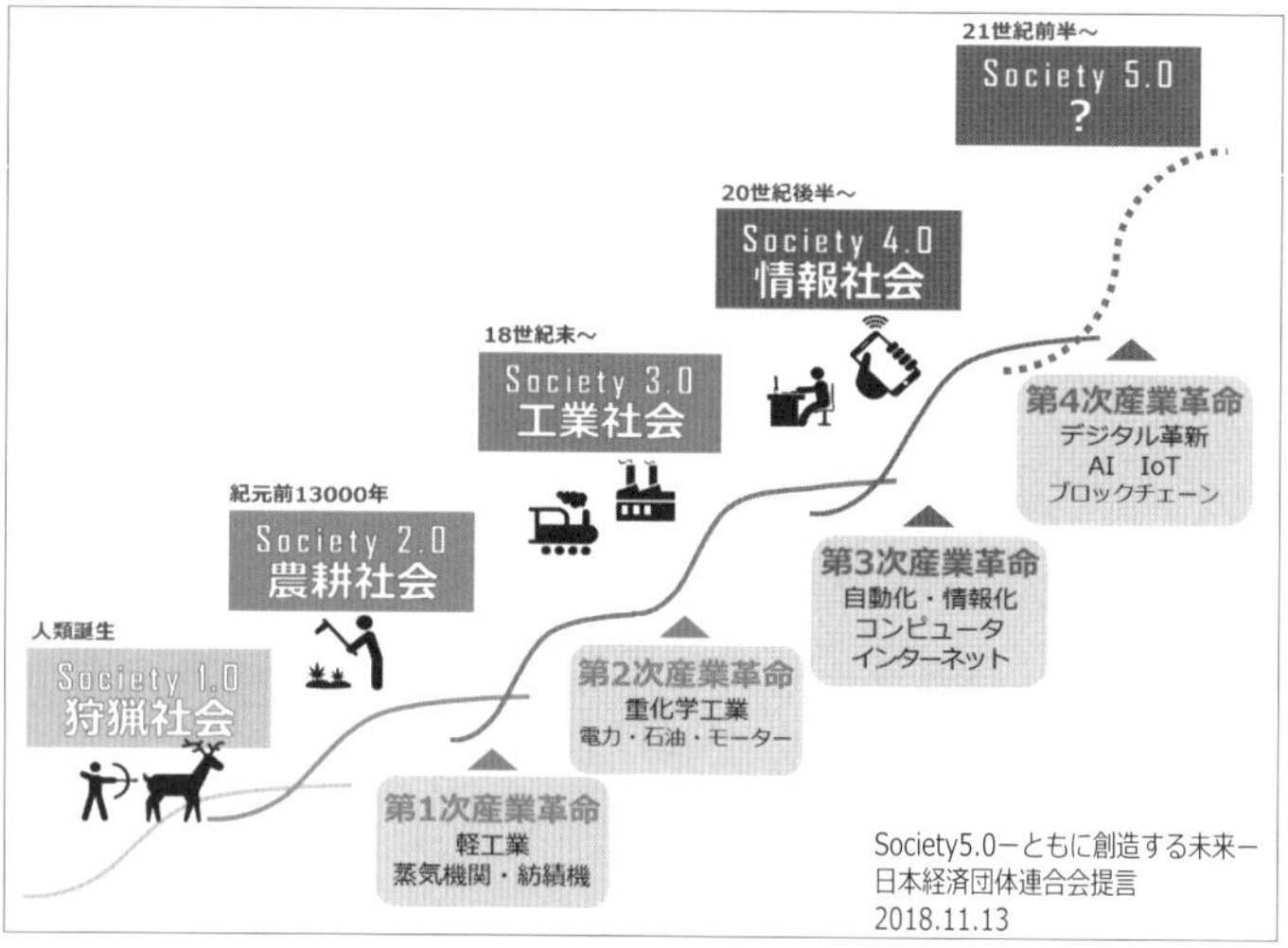

図１　Society 5.0 ―ともに創造する未来―（日本経済団体連合会）

獲物を捕らえたら偉い。農耕社会は持続的に耕して人と協調してやっていくのが必要とされる。工業社会は技能が必要だから、学校みたいなものができてくる。情報社会はコンピュータを使えなければというような話になっていて、いろいろとやっている。一貫して言えるのは、学習すべきことはどんどん増えているということである。

では、Society 5.0は、どのような社会になるのか。これに対する見方はいろいろあるが、業務の自動化、新技術の展開、仕事のやり方の変化などが進むことは間違いないと言われている。

業務の自動化というのは、図2のようなものである。次の社会では定型業務のほとんどは機械が代行することは間違いないと言われている。人工知能が思考面における作業を、ロボットが身体面における作業を代行するのは容易に想像がつくだろう。

新技術の展開について、自動運転を例に考えてみよ

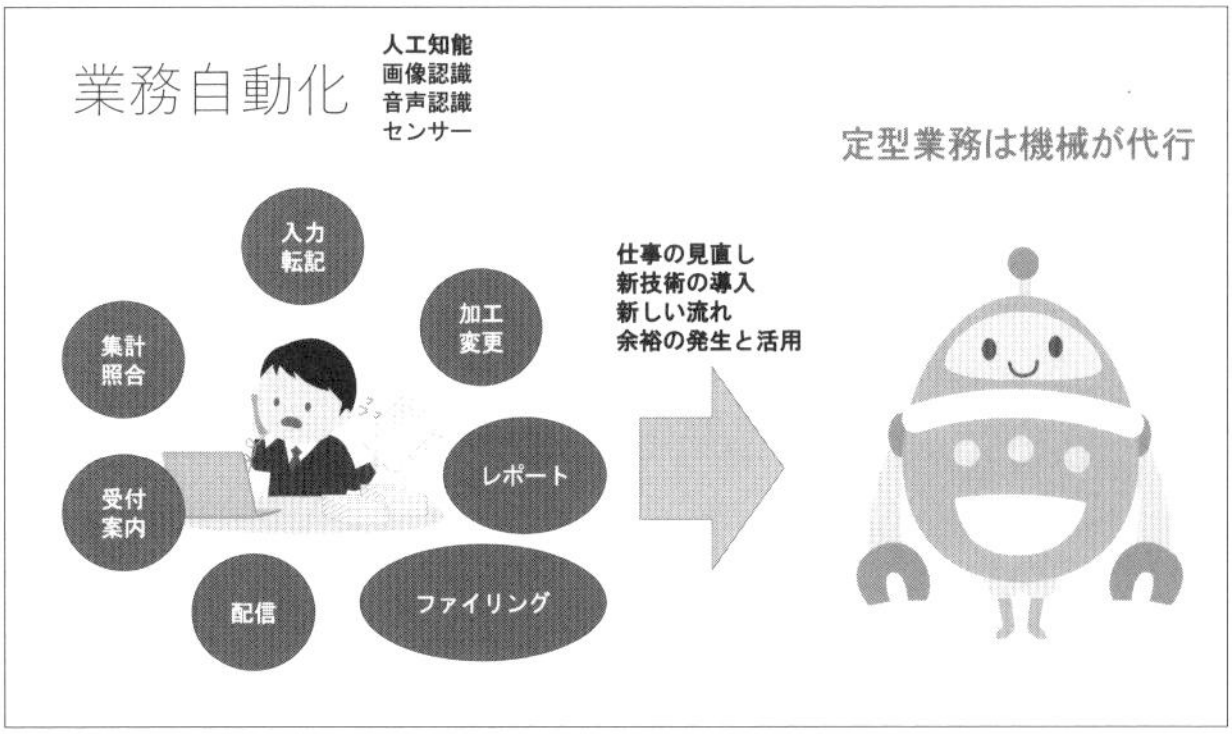

図２　業務自動化の例

う。新技術が社会に浸透していくということは、単に便利になるということではなく、社会の構造が変化し、生活や文化までも変わっていくということである。これを図3に示す。

次の時代は仕事のやり方も変わる。これについては、コロナ禍によって、多くの企業が既に学んでしまっている。どこにいても仕事ができる世の中になり、会社の境界や、国の境界も曖昧になっている。そのような世の中で頼りになるのは、人間の持つ本質的な能力だけである。Ｗｅｂ会議で資料を共有し、ビジネスＳＮＳで細かな打ち合わせをしつつ仕事は進行する。仕事の成果は、プロトタイピングツールでごく短時間に作られ、働く仲間も、ビジネスの相手も日本人とは限らない。

日本経済団体連合会では、そこに必要なものは「想像力」と「創造力」であり、これで課題を解決

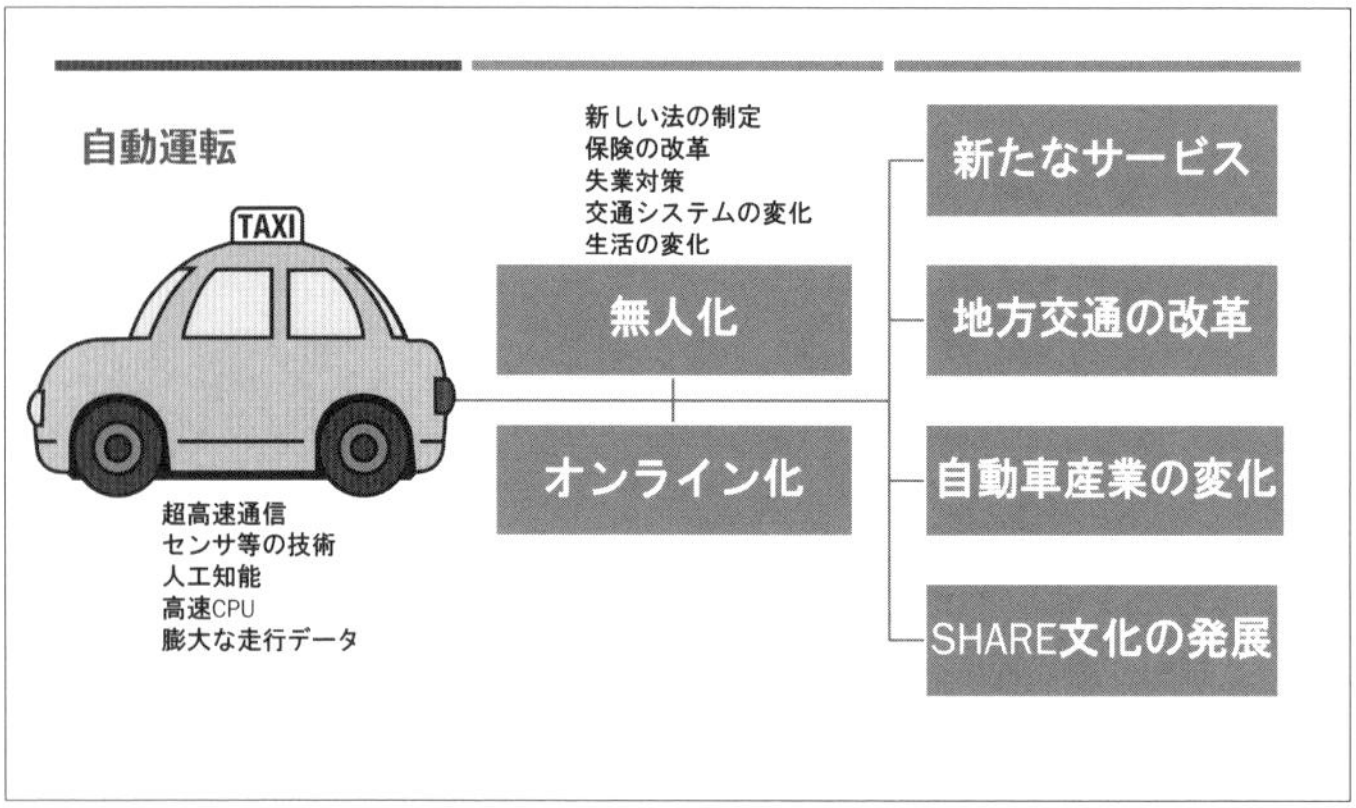

図３　新技術の展開の例（自動運転）

図４　仕事の方法の変化

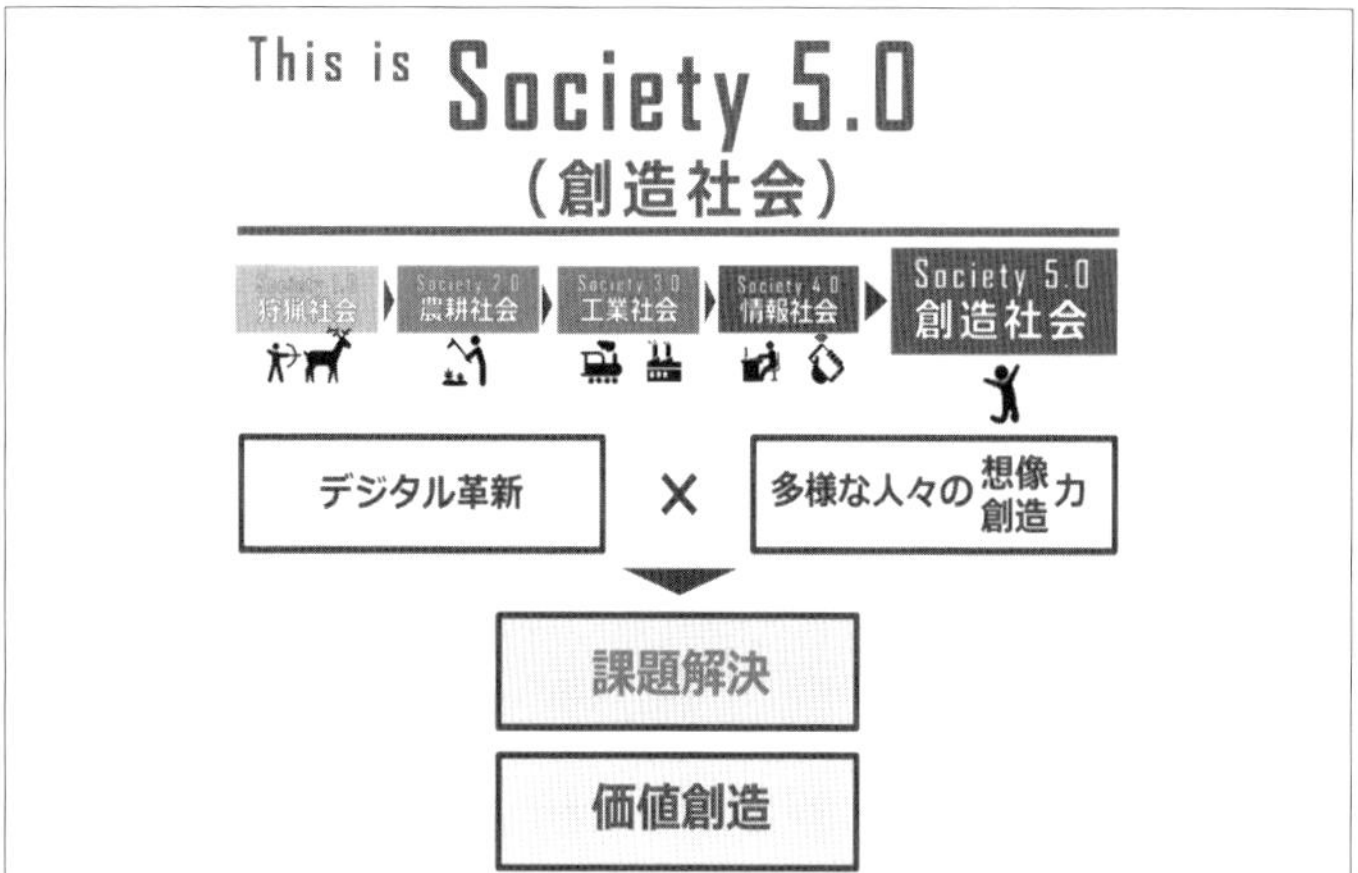

図５　Society 5.0 ―ともに創造する未来―（日本経済団体連合会）

し、新たな価値を生み出していくことが必要であるとしている。

それでは、こうした時代、社会で必要な教育とは何だろうか。以下に考えていきたい。

たとえば、業務が自動化されるということは、業務に必要な技能が全く無価値となってしまう可能性があるということである。新技術の展開が速やかに進むということは、社会がとんでもない速さで変わっていくことである。仕事のやり方が変わるということは、必要とされる知識・技能だけでなく、仕事への向き合い方、考え方も変わるということである。これらについて教育に求められる変化を示すと図6のようになる。

これは、今やっている教育とこれからの教育では、適応する社会が違ってくるので、ある程度、別物になってくるということである。多くの先生は、

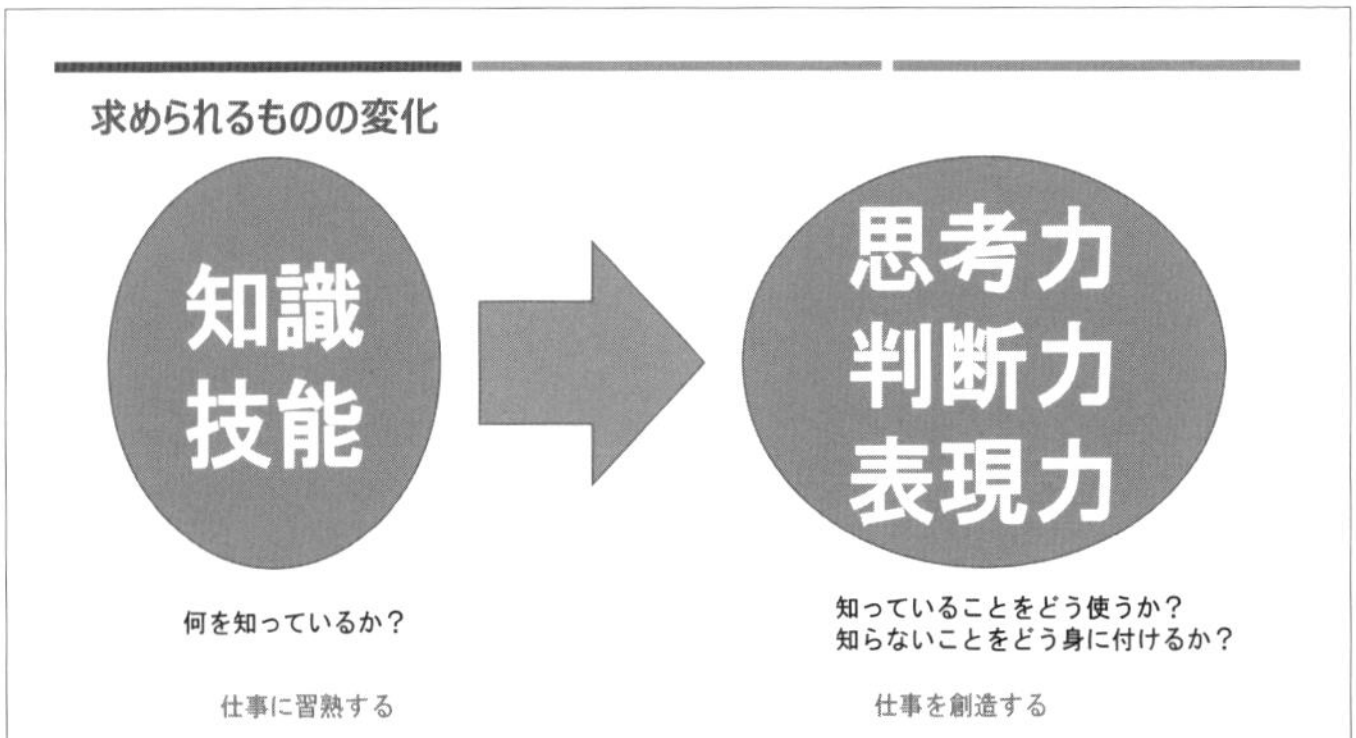

図6　教育に求められるものの変化

自分が習った先生の授業を、「あの先生は良かった」と繰り返すことが多いかもしれないが、そういう形ではもう対応できないくらいの激しい変化がやってくる。そこで必要な教育は、過去の良い点を総合して次に伝えるフィードバックでは間に合わない。未来のある時点を想定して、それに向けてアプローチするフィードフォワードにしなければならない。

保護者や生徒は、このような変化に敏感である。学校として、次の時代に対応できる教育が行われているかどうかを厳しい目で見ている。「生徒にどんな力をつけるか」ということをわかりやすく発信し、それが保護者の理解・支持を得られれば、学校にたくさん生徒が来てくれるかもしれないし、保護者の理解・支持とずれたところでやっていくと生徒がこないということになる。

実際に子どもたちが卒業して、大学に行く、あるいは会社に就職するという時に、その子どもたちがどんな力をつけて高校から出てきたのか。会社の中では、あの高校から採ったら、素晴らしくよい子が来た、じゃあ次もこの高校から採ろうということになるだろうし、大学の方もそういうふうになってくる。今までの資質・能力についても、当然必要なものもある。しかし、全く今までどおりのものを今までどおりにやっていたら、時代からはどんどんずれてくる。そのずれを気付かないで、周りの方が見て、ここは変わらないなぁ、ここから採ると……みたいになると、これは学校として良くないことになるし、子どもたちにとっても不幸である。

ＩＣＴ活用が大切と言われるが、もっと大切なことは教職員一人ひとりが正しい時代認識を持つということと、今社会がどちらの方向に向かっているのか、それはどのくらいのスピードで変化しているのかといったことを常に把握することである。そうすることによって、社会とのずれが少なくなり、適切な教育を子どもたちに行うことができる。

さらに進んで、未来のある時点で、どのような社会になっていて欲しいのかというビジョンを、教師、生徒、保護者が共有して教育活動をすることができれば、時代をリードする人材を輩出することができるだろう。教職員一人ひとりがそのようなビジョンを持ち、生徒、保護者と共に未来に向けて成長する学校が実現できればすばらしい。

2. ＩＣＴ活用の段階的導入の在り方

ＩＣＴ活用より教育そのものについて考える必要があることは既に述べたが、ＩＣＴ活用が教育を充実させることも一つの真実である。例えば、主体的な学びは、調査活動や個に応じた学習などで生かされ、対話的な学びは、プレゼンテーションとか、意見の共通点・相違点の整理などに有効である。深い学びは、シミュレーションとか、データ活用、協働制作などを通して実現されるだろう。注意しなければいけないのは、1時間の授業で最初から最後まで、ＩＣ

Ｔを使わなければいけないことはないということである。５分間でもいいので、学習内容に沿った有効な使い方ができることが大切である。ただし、「あの学校はＩＣＴ活用が進んでいるから、真似しよう」というのは間違いである。これは、オリンピック選手が１００ｍを10秒以内で走るから、同じことをしようというのと同義である。ＩＣＴ活用の進んでいない学校が同じことをしても同じ結果は得られない。多くの場合は、慣れないトレーニングで怪我や故障をすることになるだろう。

ＩＣＴ活用は段階的に一歩一歩進めていかなければいけない。この段階が明確に示されていないことが日本のＩＣＴ活用が進まない大きな原因である。図7は、私が教科調査官の時に多くの学校を視察し、そのエッセンスをＩＣＴの

進化するICT活用ー先を見据えた導入

		学習活動	ICTを含む環境	実際の例	発展
・すぐに ・誰でも ・簡単に ・どの授業でも	導入時	・教材の配布・回収 ・動画の視聴	・基本的なもの ・多様な動画教材	・生徒宛てに資料ファイルを送信する ・宿題を撮影して先生宛てに送信 ・著名講師の授業	・Webを介した教材との連携 ・宿題にコメントと発展課題を付けて返却 ・AIによる自動採点
・準備が必要 ・調整も必要 ・授業設計必須	初期	・意見交換 ・協働	・メッセージ交換 ・ファイル交換 ・協働編集	・生徒の考え方，解決方法を共有 ・賛成，反対などの人数を瞬時にグラフ化 ・1つのファイルを協働で編集	・共有したものをベースに考えを深める ・賛成，反対の意見を踏まえた話し合い ・大学や外部の方との協働作業
・研修が必要 ・経験も必要 ・緻密な授業設計	中期	・思考力 ・判断力 ・表現力	・統計処理ソフト ・シミュレーション ・プログラミング環境	・教科と身近な問題を結び付けた問題の発見と解決の設定	・統計などを用いた客観的判断や，答えの無い問題に対する納得解の共有
・熟練が必要 ・連携先が必要 ・変化に対応できる授業設計	後期	・創造性 ・共創	・表現ツール ・プログラミング環境 ・発表用Webサイト	・クリエイティビティを発揮する場面や発表の場の設定	・大学や研究機関と連携した高度な学習環境 ・実際の社会問題の解決に向けた活動

※評価についてもICTを取り入れることで，多面的な評価，評価情報の処理の自動化が可能
e-ポートフォリオなどICTの存在を前提とした評価も可能。毎時間の授業評価は教師を育てる

図７　ICT の発達段階

発達段階としてまとめたものである。以下、簡単に各段階を解説しよう。

〈**導入時**〉

導入時として考えなければいけないのは、ハードウェアの整備である。授業で資料を提示するなら大型提示装置がいるだろうし、インターネットも必要である。教室にプロジェクターや大型テレビがあった方がいいだろうし、どこか別の学校、別のクラス、会社、行政などとつなぐとなったら、カメラ、マイク、スピーカーもいるし、インターネットも全員がインターネットにつないで検索しても、学習用動画を見ても余裕で動くくらいの速さが必要である。回線速度が遅い場合は、ここに書いてあることの実現は難しい。だから、行政は早急に校内ネットワーク、学校のインターネット接続の整備を進めなければならない。

導入時は「すぐに、誰でも、簡単に、どの授業でも」できることから取り組んだらよいだろう。学習活動でいえば、教材を配布したり、回収したりということは、クラウドがあればできる。それから動画を見る、例えば、授業の中で「YouTube にこんなのが上がっているよ。復習の時に見てね」と子どもには言える。

「理解度把握」はアンケートのような形になるが、授業が終わったときに、今日学んだことはこれとこれだったねと、これでどれくらい分かったか、90％以上分かったら宿題を出さないとか、あるいは50％、40％だったら宿題に出すとか、そういう調整ができる。今までは、予測でするしかなかったが、1人1台、クラウドというような学習環境になったときに、生徒の状況がリアルタイムで分かる。これは導入時でもできて、かつ大きな効果がある。授業の最初に学習の準備状況を調査して、授業の中身を調整することもできる。これらは「すぐに、誰でも、簡単に、どの授業でも」できる、毎時間できることなので、やってみるとよいだろう。

導入時は、1回の研修で欲張らないことが大切である。例えば、今日は「授業理解度把握のアンケートをこんなふうにするという研修です。所要時間は30分くらいです」というようにする。このような形で研修を何回も入れていく。1回でいろいろやると結局、忘れてしまうので、「研修→実施」というサイクルを繰り返すようにするとよい。

〈初期〉

とりあえず使ってみた、段々できるようになった、そうすると次は、この段階のものを研修してやりましょうというように、段階を経て進めていく。次の段階としては、多少、準備と調整が必要で、授業設計が必要なところに入っていく。研修する、実施する、そして、それを褒める、の繰り返しが大切である。

導入段階の次は、メッセージ交換、ファイル交換、などの協働作業である。考え方とか、解決方法を共有するとか、グラフ化するとか、そういったものもある。一言でいえば、共有と協働作業である。これが次の段階としてある。

〈中期〉

その次は、子どもたちの思考力や判断力・表現力が磨かれるところである。先生には研修と経験が必要になる。それらを前提とした緻密な授業設計が欠かせない。授業のレベルは格段に上がり、統計についてもどの先生もある程度理解が必要になり、今までのような定まった答えではなくて、グループでの討論を経てたどりつく納得解というようなものを求める授業も必要になる。

例えば、地球環境をよくしたいときにどうすればいいかということをAIに聞くと、「人類を滅ぼせばいい」という答えになる。それは人間として受け入れがたいので、納得するようなものはどんな形になるのか、答えのない話し合いになる。答えはなくても、みんなで納得するためのプロセスは必要である。

〈後期〉

社会に出たときに役立つ人材を育てるためには、教師の熟練や授業の連携先も必要である。授業の行き先が先生の思っていたところではないところにいくかもしれない。後期では変化に対応できる授業設計が必要となる。例えば、主体的な学び、対話的な学びが授業の中で行われるなら、こういう形の授業になるだろう。そして、こういう授業をすると、創造力とか問題解決力なども身についていく。ただ、こういう授業を見せられて、さあやってみようといわれても多くの場合は一足飛びにはできない。

今、自分の学校がどういう段階であるか、この段階だということがわかったら、その段階の研修、あるいは、その一歩進んだところの研修をする。２歩も３歩も進んだ研修をしたとしても、それは授業に活かせない。今のＩＣＴ活用の状態を少し良くする、あるいは次の段階の兆しを見せる、そして、実際にやってみる。できるようになったら、次の段階の研修をする、さらにそれをやってみる。そして、それもできるようになったら、さらに次の段階に行く。これは学校の先生全員で、少しずつ進めていくということである。こういうことをぜひやって欲しい。ＩＣＴ活用の発達段階（図7）は、そのための羅針盤として機能する。

3．ICTを教室に入れるために

このほかに、ＩＣＴを教室に入れるには、①知る→②使う→③改善するといったステップが必要である。

①知る

まずは、ＩＣＴの効果的活用とはどのようなことかを知ることが大切である。それは授業の

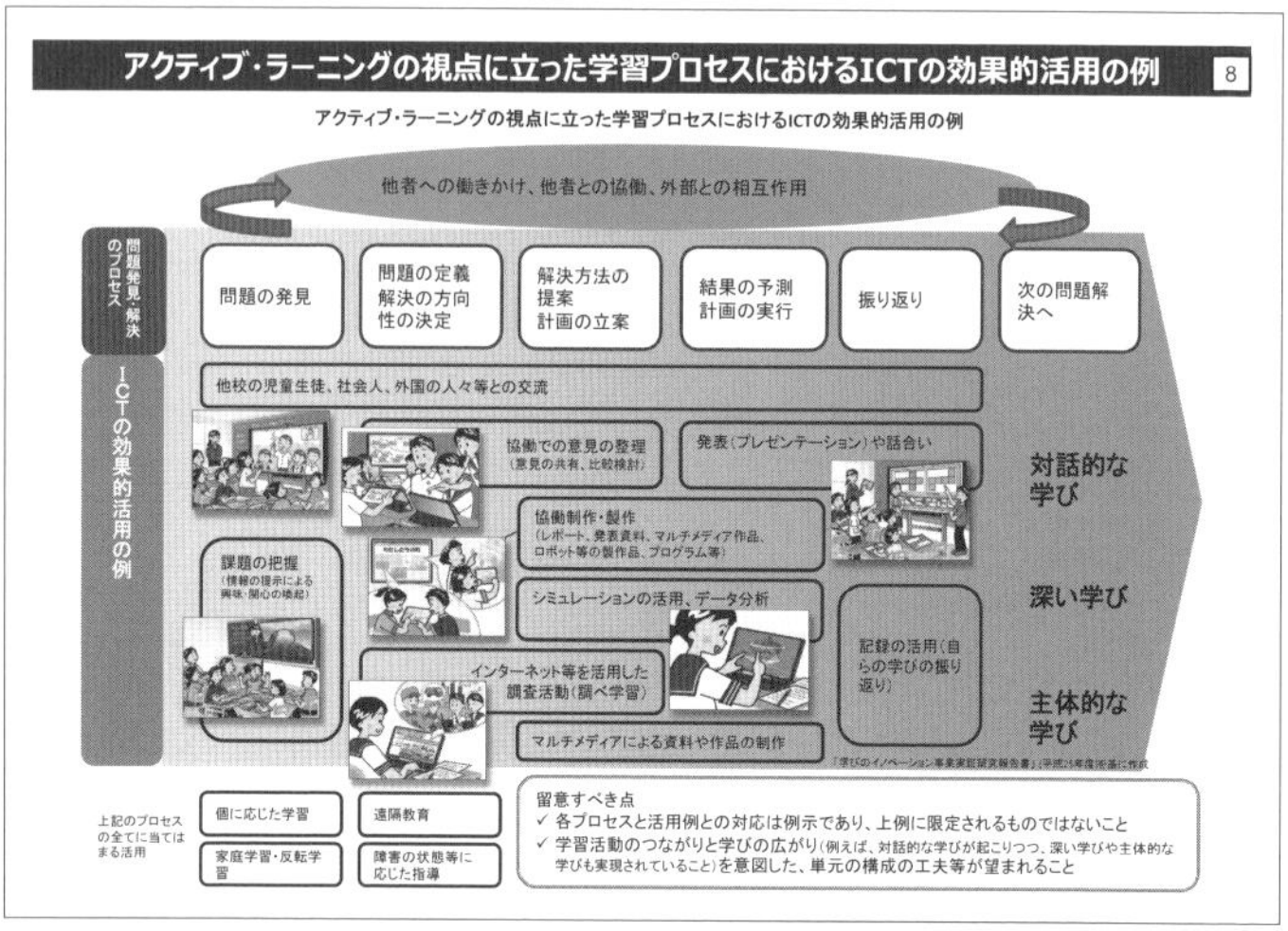

図８　ICTの効果的活用の例

図９　目的別の学習活動とICT活用

流れと紐づいたもので、図8のようなものである。対話的な学び、深い学び、主体的な学びに紐づいたＩＣＴ活用というものがある。

次に、目的別の学習活動におけるＩＣＴの効果的な活用を知るとよい。これは図9のようなものである。

②使う

知るだけでは活用には至らない。実際に使ってみることが大切である。高校の先生は、納得すれば積極的に使うが、使い始めるまでに時間がかかる。「授業の最初や最後で理解度を確認する」などの絶対に授業の役に立つと思われる使用法について学校全体で取り組むということから始めるとよいのではないだろうか。最初の一歩は、みんなで進めるのがよい。最初の一歩が踏み出せれば、次の活用につながっていく。

③改善する

改善は自分だけで行うことは難しいので、積極的に授業見学会を実施したり、教育センターや有識者など外部のリソースを活用して行ったりするのがよい。必要に応じて遠隔で指導を受けるなどの方法があって良いだろう。大切なのは、少ない負担で多くの気づきを得ることである。目指すべき方向性は、「教師が教える」から「児童・生徒が学ぶ」という流れである。

そして、ＩＣＴ活用を授業の外に出すということも大切である。「生徒の学びは授業の中だけにあるのか？」の答えはＮＯである。授業で主体的に学ぶ意欲を持った生徒は、授業外でも自ら学ぶようになる。このような授業外の学びを含めて、生徒の学び全体をプロデュースすることが、これからの教師の仕事になる。例えば、ＩＣＴを活用すれば図10のような学びの進め方が実現可能になる。

これからの教師は、このような学びを設計することが大切で、それを評価し指導に生かすことも求められる。Society 5.0 以降に対応する資質・能力は、このようなプロセスを経て育てられる。これからは教師の役目が変わっていくということを自覚し、生徒に必要な資質・能力をつけさせるために必要な役回りを演じることが大切になる。

冒頭の「近未来の社会」の話で述べたように、社会

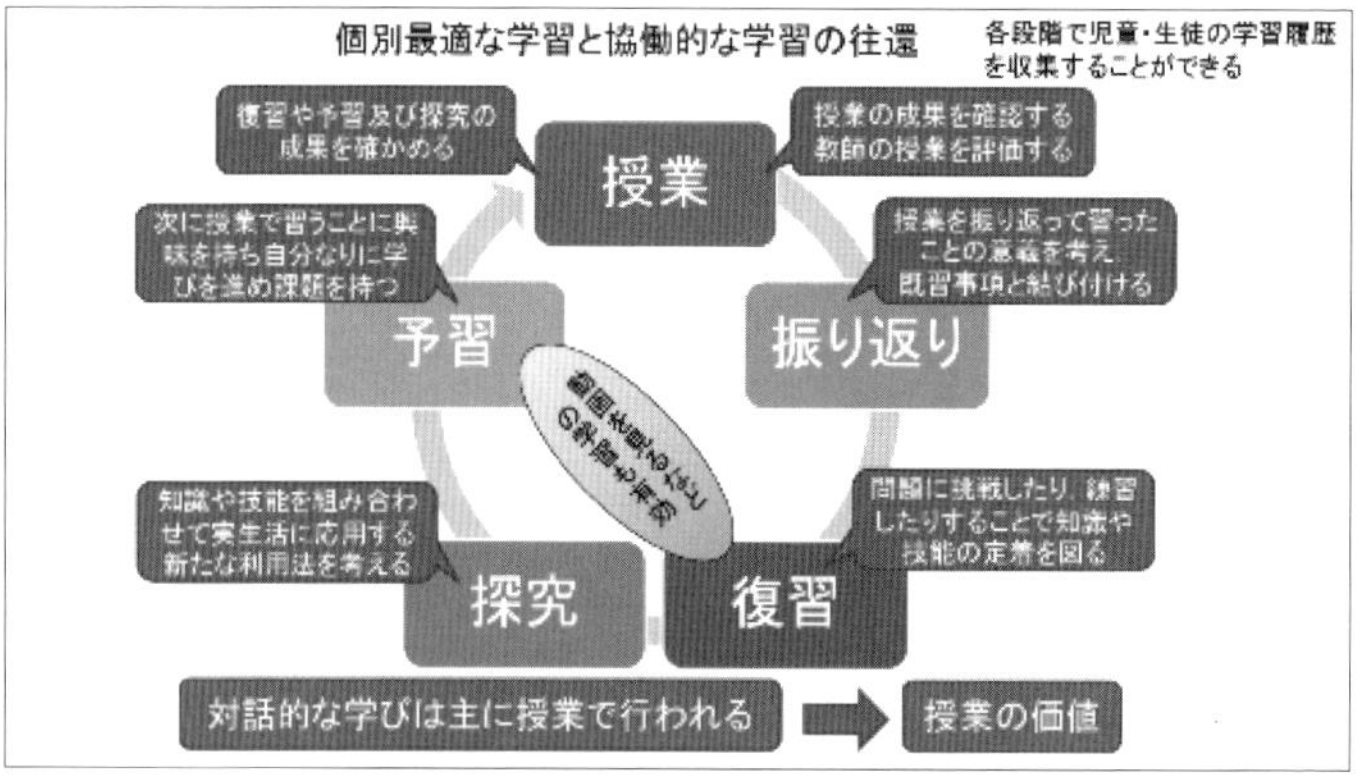

図10　授業と授業の間も続く生徒の学び

が変化するスピードは加速している。子どもたちに必要なのは社会に対応する力と、次の社会を創っていく力である。そのような子どもたちを育てるためには、教育も進化し続けなければならない。

本章では「ＩＣＴを活用した高校教育を創るために」という形で構成した。しかし、ＩＣＴだけでなく、新しく開発されたテクノロジー、教育方法、評価方法、教育理論、教育データの活用、さらには脳神経科学や認知科学の知見など、授業に取り入れるべきものは多々ある。これらについても広く関心を持ち、教師としての学びを深めるとともに自身の教育に活用していく応用力が必要である。

また、学校という組織が変わっていくためには、適切なプロセスと時間が必要である。この変

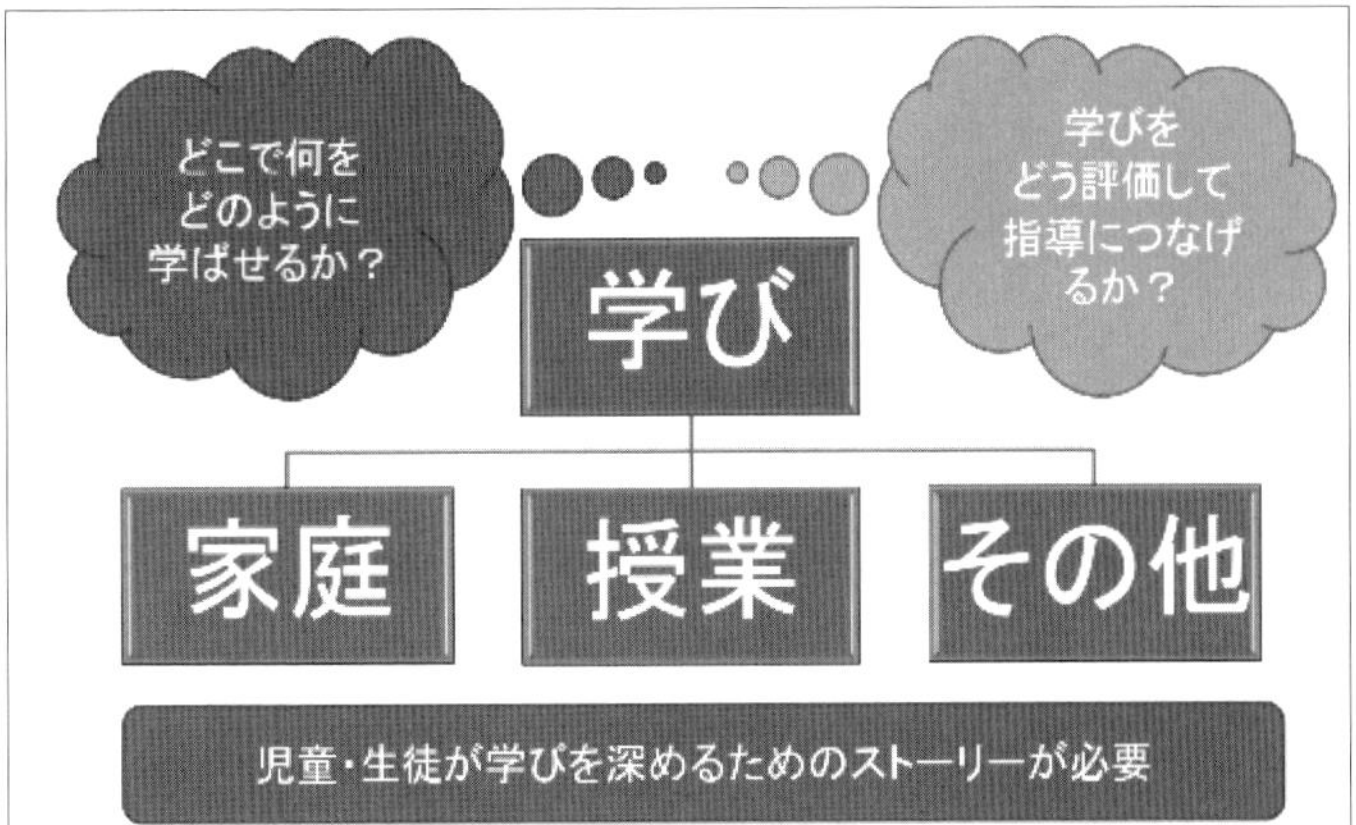

図11　授業設計→学びの設計

革を担う中核は管理職である。その役目は、変化する社会を見通すとともに、そこに向けて必要な教育を構想し、これを段階的に無理なく導入していくことである。

全体としては、教師の役割は授業設計から学びの設計へ変わっていく。何のために変えるのか、何をどの程度変えるのか、どのくらいの期間で変えるのかといったことについては、その成果を振り返りつつ、次に向けて見直さなければならない。

第3章

校長視点の教育ＩＣＴ活用の軌跡

前北海道札幌北高等学校長
林　正憲

伝統校でもＩＣＴ活用には様々な困難が伴った。本章では北海道の伝統校での実践を報告する。前校長の熱い思い、それを実現しようと教職員一体となった取組は、多くの学校で参考になる。

1．1人1台端末への校長としての対応

北海道の道立高校には、2022（令和4）年度の入学生からBYODによる1人1台端末が導入された。まだまだ途上とは言え、本校職員は目的を理解し、大変多忙な中、取組を進めてきた。そのことに私は深い敬意を抱いている。

私事だが、私は2022年度末をもって定年退職を迎えた。時間の幅を少し広げ、個人的な視点による経緯と今後の展望も併せ、教育のICT活用について述べる。

物事は非連続的に進行することもあり、ある時点を境に全く別な条件や環境に置かれることもある。しかし、現場の人間にとって時間は連続して流れている。歴史がある。それを記録しておきたい。

私は1989（平成元）年度採用である。大学院での論文執筆でワープロを使う学生が現れ始めた時代だ。当時の私自身はと言えば、狭い了見から新しいテクノロジーに反発を覚え、手で書くことの思考上の効能に固執していた。コンピュータが普及していくことは承知していたが、学校の先生であれば、世の流れと無縁に働くことができるだろうと現在なら失笑するしかない勘違いをしていた。

勤務してすぐに教務部長から秋葉原の通信販売で「ラップトップ」パソコンを購入するよう、

命じられた。フロッピーディスクを挿入して操作し、手書きから切り替えていった。定期考査を最初にパソコンで作成したときは「何て便利なのだろう」と思った。文書作成の仕方、仕事のやり方、おそらく思考の在り方も変わっていった。その後、少しずつ学校現場全体にパソコンが導入されていき、アナログからデジタルへと転換されたが、学校に配置される台数はニーズを満たしておらず、教員は自費で購入するのが当然だった。共用ＰＣと個人ＰＣの時代である。効率化が仕事量の減少には簡単に結びつかないものの、パソコン文化は確実に浸透していった。学校職場用と家庭用の2台の「デスクトップ」を購入する教員も少なくなかった。また、Windows 派と Mac 派の争いがあった。成績等データ処理はデジタル化により効率的・合理的になったが、ソフトとプログラムは担当者の個人的な好みやスタイルが反映されており、担当者が不在であれば作業は遅延し、異動すると引継ぎがうまくいかなかった。

２００8年度前後に、ようやく教員の１人1台端末が実現した。私物パソコンからの移行はスムーズではなく、ネットワーク環境のこととあいまって、どの学校でも混乱があったはずだ。定年に近い教員はパソコン仕事になると若い人に依頼するということも珍しくなかった。パソコンの性能とアップデート、データの管理（フロッピー、ＭＯ、ＵＳＢ、ハードディスク）を巡る問題もあった。

２０１２年度に、北海道教育委員会による校務支援システムが導入された。従来の担当者依存や学校ごとに異なるシステムゆえの課題があったから、どこかの段階で転換しなければならないのは必須であった。しかし、導入は余りにも拙速であった。複数の試行校の結果検証やシステムの機能などの情報も不十分な中、分厚いマニュアルが送付され、開発業者と現場との質疑応答も足りないまま、年度末に準備を急がされてスタートした。始まってみると、これまでの学校での成績処理の質をはるかに下回るものであって、多くの機能が失われていた。システムの遅延も多かった。効率化した面よりも、非効率になった面が多く、目的であった生徒に向き合う時間の増加とはならなかった。もちろん、担当者に非はなく、導入の制度や予算不足、仕組みの問題だと考える。ただ、結果的に現場の負担は大きかった。その後、少しずつだが改善が重ねられ、便利さが増していった。2022（令和4）年度から、新たなシステムに変更された。様式や作業手順等の変化への対応に各校は追われた。校務支援システム導入の目的が達成されるよう、教育委員会とシステム業者、学校現場が情報交換を密にし、運用・改善に努めて行く必要がある。

他方、この数年間、少しずつ、教育の情報化が進んでいき、黒板とチョークの代わりに、パワポのスライドを投影する教員も現れ始めた。ただし、不十分なネット環境に加え、スクリーンやプロジェクターの未整備、校務用パソコンにおけるデジタルコンテンツの視聴制限などがあり、先進的な取組にトライする教員は自己負担で行うことがほとんどだったと思う。

管理職としては、様々な機会に、現場の困り感を道教委に伝え、改善要望をしてきた。私は２０１５年度に校長となり、教育の情報化のプランを考えたが、北海道にも所在の町にも財政的な余裕はなく、保護者負担軽減の指導を受けている中で進めることはできなかった。

校長として2校目の学校には3年間勤めたが、前半は生徒指導対応に追われた。生徒指導に費やす時間とエネルギーが大きいため、学習や進路指導の仕組みが整っておらず、解決すべき課題は多々あった。私は「よさと課題の両方のない人も組織もない。よさは本当に大事にしよう。さらに育て、広げ、つなげよう。課題には目を背けずに真摯に取り組もう」と繰り返し、素晴らしい職員、保護者や地域の方々のお陰で、2年目の夏季休業明け辺りから落ち着いた。問題はその後の進むべき道である。平穏になることが目的であるかのような日々が終わり、さて、そこからどうするか。当然だが、生徒の可能性を最大限引き出し、よき変容を促すよう、創意工夫し、教育の質を高めなければならない。

参考となる教育情報を集め、日本のあちこちでICT活用が進んでいることを知った。特に東京の明治大学で開催された「未来の先生展」（現・未来の先生フォーラム）では、様々な学習デジタルコンテンツが紹介されており、明るい可能性を感じた。しかし、自校の環境や予算の観点からはICT活用は非現実的に思えた。道教委への様々な要望への回答では「北海道財政の厳しい折」「国に要望して参る」が繰り返され、生徒が１人１台端末で学習している姿は、私には夢のまた夢だった。

そうした中、2018年度、私は佐藤嘉大教育長と出会う。校長協会の役員をしていたため、懇親会の席でお話しする機会に恵まれた。私は「本校は課題はいっぱいあります。しかし、生徒は素直で、打てば響きます。先生たちも熱心に指導していて、変わりつつあります」と述べた。現場重視の佐藤教育長は学校視察にいらした。私の校長室での説明は簡潔にし、部長主任の先生と生徒会の役員と懇談していただいた。心から楽しそうに語っていた。生徒との懇談の最後に佐藤教育長は「私は一応（笑）北海道の教育のトップなんだ。そんな私に教育に対する要望があれば言ってほしい」と仰った。すると、ある女子が「私学に通っている友人から端末を使って授業を受けていると聞きました。私もそんな授業を受けてみたいです」と言った。私は「そんなことを考えているんだ」という感想を持っただけだったが、少し経って、道立教育研究所の附属情報処理教育センターから連絡があり、iPad 11台とAppleTV、ポケットWi－Fi 3台を借りることになった。そして、センターの方々が校内研修会で使い方を教えてくれると言う。

ロイロノートや動画撮影の実演があり、教員は面白がっていた。しかし、紹介された事例集は小中学校のものや1人1台端末が多く、高校の授業と簡単には結びつかなかった。授業のどの部分でどう使えるのか、イメージできなかった。ただ、せっかくのチャンスを与えられたので、まず私自身が試しにやってみることとし、授業を2コマもらった。

テーマをＳＤＧｓとし、①ＳＤＧｓの理念や内容を他者に説明できること　②17のＧｏａｌｓから1、2選び、ネット検索を活用して内容と背景をまとめること　を目標とした。1コマ目はシミュレーションしたにも関わらず、途中で使い方がわからなくなり「本当はこうなるはず。すると、こんなことができる」と説明したが、想像力を働かせる生徒たちに助けられた。久しぶりに授業者となり、かつてはどうやって「伝えるか」に全てを注いだが、この授業では全員が「興味を示して参加したか」に意識を向け、「主語が先生」ではなく「生徒が主語」であることについて、身をもって考えさせられた。授業後のリフレクションシートを読み、私の失敗にも関わらず、生徒の興味関心が高まっていることがわかった。一方的に説明する授業であれば、もっと多くの知識を与えることができたかもしれない。しかし、学ぶ姿勢や態度という点では今回の授業の方が上だと思った。2回目はスマホの使用を認めた。3、4人に1台では生徒によっては意味のない「待ちの時間」ができてしまうからだ。朝のＳＨＲで学校預かりというルールの学校でのスマホ使用は明らかに生徒のテンションを上げていた。私の失敗もなく、生徒の主体的に学びに向かう姿勢はさらによくなっていた。

私が失敗も含めて自分をさらけ出した効果があり、複数の教員がiPad活用にトライするようになった。動画撮影は体育や家庭、書道などの実技でその力を発揮した。ロイロノートはやや難しかったが、生徒個人やグループの学びをその場で一度に可視化する点で有効であることも理解できた。

佐藤教育長は自分の目で確かめるべく、再び来校された。そしてアプリの使い方について評価が分かれる数学の授業について、よい点と可能性を指摘してくれた。教育者のあるべき姿を率先垂範で示してくれた。

私の中でスイッチが入り、本格的にネットや雑誌、本により、教育のICT活用に係る情報を集めた。道教委への要望も続けた。しかし、環境がすぐには整わず、GIGAスクール構想や「未来の教室」推進事業はまだどこか遠い世界のことに思えた。2019年度、そんなある日、佐藤教育長に呼ばれ、校長協会の役員に対し「国のGIGAスクール構想を活用し、北海道教育の情報化を推進する」と説明があった。「どういうスケジュールで進むのだろう」と思っているうちに、新型コロナウイルス感染症が拡大し、対応の相談もされていたところ、2020年4月4日、佐藤嘉大教育長が急逝された。

2. スクール・ミッションとICT活用

北海道札幌北高校は1902（明治35）年札幌高等女学校として設立され、1950（昭和25）年北海道札幌北高等学校と改称し、2022年創立120周年を迎えた。また、1954

年から定時制を併置している。

以下、全日制のことを述べる。全日制は高校入試段階の学力が札幌南高校に次いで高く、北海道大学を含む「難関大学」に１２０数名現役合格する「超進学校」である。私服で自由な校風のイメージを有する札幌南と西に対し、クラシカルな学ランとセーラー服の真面目な印象の高校である。外から見るイメージは一面的だが、内からだと、当然のことながら、多様で深く豊かだ。行事には熱中し、特に学校祭の行灯行列（道外の「ねぶた」のようなもの）の評価が高い。作製方法や技術が先輩から伝承されており、各々が個性を発揮しながら協働的に創造している。部活動加入率も85％を超え、全道、全国大会に進出する部も少なくない。「二兎追うものは一兎をも得ず」という格言があるが、本校生は「三兎」を追い、全てを貪欲に手に入れようとしている。

教育課程では１９９６年度に導入した65分授業に特色がある。教員の巧みな授業デザインと生徒の熱意により「集中と切替」力を発揮し、切磋琢磨しながら、学習効果を上げ、進路目標を達成している。

また、時代の変化に対応し、生徒の主体的な学びを重視するようになり、２０１６年度に文部科学省アクティブ・ラーニング実践研究拠点校に指定され、アクティブ・ラーニングを「ブレインズ・オンになること」（問いを自分ごと化し、理解しよう、答えを出そうと熱心に思考しもがいている状態）と定義し追求した。２０２０年度には、国立教育政策研究所の教育課程研究指定事業「総合的な探究の時間」を受け、育成を目指す16の資質・能力と紐付けながら、３年間の系統的かつ組織的な流れを確立した。教員間で基本的な考え方が共有され、開かれた、形式主義的ではないストーリーができあがっている。そのため、生徒は探究の目的や価値をよく理解し前のめりになって取り組んでいる。

他校同様、２０２１年度に本校のスクール・ミッションを北海道教育委員会が再定義した。『北高訓「寛容・進取・良識」を尊重し、知性を高め、【(空欄）※自身でパーパス（目的）やゴール（目標）を設定する)】よりよい社会を創る人になる』である。

学校から案を提出するにあたっては、私は次のような思いを込めた。

（1）生徒・教員間になじみがあり、現在の社会において大きな価値を有する校訓を最初に掲げた。

（2）学びの本質を重視し、知的好奇心、探究を重視していることを反映させた。

（3）自主性・自立性を求めていることを組み込んだ。

親身な指導が本校の売りであり、共通理解のもと、組織的かつ系統的に進めている。しかし、その目指すところは、自立・自律した人間である。進学目標を与えられ、用意されたレールの上を走ることに満足して欲しくない。ゆえに、スクール・ミッションに空欄を設け、自分でパーパスやゴールを立てることを促している。なお、パーパスとゴールはある種の経営理論に依る。すなわち、パーパスは、価値観を表現し、具現化を探究すべき対象である。それは、永遠に、つまりその都度「これが、そのことなのか」と問われる。それに対してゴールは客観的な目標であり、到達したかどうかは、いつ、誰にとっても明白である。

（４）学習指導要領の「よりよい学校教育を通じてよりよい社会を創る」という理念を盛り込んだ。

個人の幸福は社会の中で実現される。いかなる時代の社会にも課題はある。私たちの選択肢は、課題をやり過ごすのか、真摯に取り組むのかにある。そもそも、課題を認識しているのかどうか。課題を組織が共有しているのか。

社会に課題は多い。容易に解決できるものなど何一つない。容易でないもの、解決のイメージを持てないもの、解決策がすぐには見つからないもの、多大の時間とエネルギーを費やしても解決できるかどうかわからないものがある。

いずれにせよ、現在の日本の社会に課題は多い。政治、経済、食料、環境、エネルギー、どの分野においてもだが、最大の課題は人口減少である。結婚しない、子どもを望まない理由の第１位は家庭の経済力であり、そうした国に未来はない。民主主義の質や労働生産性が高くなり、デジタル人材が確保され、ゼロカーボンが実現し、防衛力が増強されても、人がどんどん減っていくなら何の意味があるだろうか。

2022年の出生数は77万人、合計特殊出生率は1・30。大変危機的な状況である。少子化、人口減少対策は政治分野だが、教育に携わる者としては、充実した教育環境と学校教育の魅力によって、事態を改善したい。学校がすこぶる楽しそうで、子どもたちが生き生きしている。幼稚園児から大学院生まで、希望にあふれ、よく学び、生活を楽しんでいる。そうすれば「日本の教育は充実している。この子どもたち、児童・生徒・学生・院生なら、社会をよくしてくれるだろう。うまくいけば、私たちが生きている間に、よりよい社会を目の当たりにすることができるかもしれない。希望を抱いて、私たちはこの人生に別れを告げることができるかもしれない。家計は厳しいが、子どもができたらいいな」と思う若者が増えていくのではないか。彼ら彼女らが素晴らしい学びの体験をしていれば「学校生活が充実している。素晴らしい教育環境だ。私たちが満喫して終わるのはもったいない。後に続く人たちが必要だ」と思うのではないだろうか。

とにかく、現在社会人である私たちだけでは間に合わないかもしれない。これからの人たち、未来の子どもたちに全てはかかっている。

さて、スクール・ミッションを起点として考えるならば、ICTも1人1台端末も、よりよい社会を創ることに結びつかないなら意味がない。

スクール・ミッションを踏まえ、コンピテンシー、カリキュラム、アドミッションのスクール・ポリシーを定めたが、これまで培われた北高文化、「チーム北高」のパーパスを具体化したものとなっている。

なお、定時制についても、ＩＣＴ活用、端末活用が進んでいる。すでに第１学年はChromebookを使いながらＳＨＲを行っている。教科での取組も行われ、２０２３年度からＢＹＯＤ１人１台端末を導入する。義務教育で貸与された端末を活用した生徒たちが高校の定時制だから端末を使わないなどはあり得ない。全・定の区別なく、学校の特色や生徒の状況に応じた端末活用がある。

3. ＩＣＴ教育の推進

ＧＩＧＡスクール構想の推進と２０２２年度入学生からの、ＢＹＯＤによる１人１台端末の導入が決定され、各校が対応していくこととなった。

２０２０年度、新型コロナウイルス感染症が学校教育にどのような影響を及ぼすのか未だ判然としない中、私は本校に異動した。ＧＩＧＡスクール構想のもと、情報化が進んでいくことはわかっていたが、具体が不明であった。何がどのようなスケジュールで進んでいくのかがわからなかった。

道教委とNTTドコモの連携協定により「学びの質を高めるICT活用パートナーシップ事業」が実施され、2クラス分のChromebookが貸与されることはわかったが、まだ、環境は整っていなかった。

そうした中、2ヶ月の学校閉鎖が決定され、驚いた。そして道教委からはICTの活用が推奨された。
① Google Classroomを活用したホームルームや教材提供
② ホームページへの教材や動画のアップ
である。環境や機器が十分ではない中、教員は、私物を駆使しながら進めてくれた。また、通信環境が不十分な家庭やプリンターがないところ、端末を共有していて自由に使えない生徒の存在がわかった。

このように、円滑に進まない状況の中、現在まで、ICT活用を含めた本校の教育活動に大きな役割を果たしているのは、SPARK委員会（Student Partnership Active-learning Reserch Sapporo-Kita）の存在である。この組織は、文科省の「教科等の本質的な学びを踏まえた主体的・対話的で深い学び（アクティブ・ラーニング）の視点からの学習・指導方法の改善のための実践研究（SCRUM)」の指定を受ける際に発足した。最大の特徴は、校長命課なしの自発的な組織であるという点である。それは、校長を無視するという意味ではない。管理職をも含めた学校の各組織の隙間に入り込み、各実践を表面化、調整、共有、発展させる独特な立ち位置を持っている。横断的な調整、個別の取組の可視化と関連付けを行う、未来志向の委員会であり、手挙げ方式でメンバーが集まっている。委員会にはテーマに応じ様々なユニットが結成される。ＩＣＴユニットもでき、環境不十分、先行き不透明な中、研修を実施し、有用な様々な資料を提供し、前向きな雰囲気を醸成してくれた。

本校には情報の専門家と商業科で情報の免許を所有する教員の2人が存在し、ユニットでも中心的な役割を果たしてくれている。人の力によるところは極めて大きい。専門家がいない学校も少なくない。プログラミング等現在必要とされている知識・技能がない時代に免許を取得した人もいる。2025年度共通テストの「情報Ｉ」導入にも深く関係する、担当教員の問題があり、解決が求められている。

ＮＴＴドコモの事業の概要を述べる。

端末の貸与は2020年9月1日から年度末まで。Chromebook はＬＴＥモデルで84台、情報担当教員が管理。授業使用時は Google カレンダーで利用予約、持ち出し。

1　授業は9教科で活用。アンケート、Jamboard、調べ学習、即時撮影・投影など。化学や物理は実験でスプレッドシートを活用し、作業時間を短縮するとともに、共同作業及び情報共有を易化。その他、1学年「総合的な探究の時間」におけるワールドカフェ（体育館）や部活動での活用。

2　校内研修会。活用事例紹介、Classroom、Forms、Jamboard の説明。

3　通信環境の検証。

教員及び生徒のアンケートによると、全体的には前向きで肯定的な評価、今後への期待があるものの、苦手意識や若干の抵抗感、モヤモヤ感もあった。手元に端末がなく、通信環境が不十分な中ではやむなしと思う。また、本校に限らず、教員に責のない非合理的業務やいわゆる日本的な教員の仕事に追われている面があり、本腰を入れて取り組むのが難しいことも障害である。

ＩＣＴのみならず、新しいことが学校現場に降りてくるとき、個別に見ていけば、意味があり、やらなければならないと思うが、私たちの仕事も生活も個別の寄せ集めではない。個別は最適でも、全体としては無理があり、最適とならないこともある。

この点に配意しながら進めなければならない。

他方、２０２０年度末までに全ての道立高校に工事が入り、既存の校務用ネットワーク回線とは別に学習用ネットワーク回線が敷設され、Wi-Fiアクセスポイント（ＡＰ）が設置された。

ただし、校舎のどこでもネットに接続できるだけのＡＰはなかった。その結果、特別教室や体育館では使用できない事態となり、追加設置を要望した。

２０２１年度は、小中学生に１人１台端末 Chromebook が配布されることとなった。

高校においては、２０２２年度のＢＹＯＤ１人１台端末に向けた準備を各校が進めることになった。

道教委が保護者向け文書などの例文を用意し、業者選定の参考となる資料が提供されることとなった。

中学3年生が受験校を決める時期までには、その高校のＢＹＯＤ端末に係る情報を提供する必要がある。機種をどうするか、購入方法をどうするか、道教委の資料提供を待ちながら検討に入った。

ところで、教育のＩＣT化に必要なのは次の3点であり、単純である。

通信環境、ＩＣT関連機器、そして生徒の前に教員の１人１台端末。

通信環境については、上述のとおりである。

ＩＣT関連機器については、２０２０年度からの3年間、国から新型コロナウイルス対応のための予算が北海道に降りてきたため、スクリーンとプロジェクター、マイク、端末用スタンドなどを購入することができた。劇的に改善された。

そのコロナ予算により、教員用の端末も購入したが、数は不十分だった。2022年度の導入に向け、クラスで実験する必要があり、教員に配布することはできなかった。2021年度中に、非課税家庭などへの貸与用端末が配布されたが、次年度に貸し出す台数を予測できなかったこともあり、教員一人ずつに渡すことができなかった。

結果的に、端末活用により意欲の高い教員のみが試行錯誤しながら慣れていくことになり、組織全体には凹凸があった。

この点は致命的である。試行錯誤しない教員に非はない。毎日多忙な中、手元に端末がなければ試しようがないということだ。隙間時間にネットや紙の資料を見ても、手元になければ試せない。「考えるより慣れろ」である。使ってみなければ、わからない。イメージできない。

先進自治体の取組を見ると、必ず教員1人1台端末の期間を経て、生徒1人1台端末導入になっている。

単純かつ当然のことである。

GIGAスクール構想の話を聞いてから2年間はこの状態が続いた。

2021年度は、次年度の端末導入に向けた準備期間であった。先行して、小中学生にChromebookが配布されている。公立の中で、学校によっては、所在の市町村の援助を受け、すでに1人1台端末を活用していたところもあったが、2022年度で全ての高校に導入され

GIGAワールド通信　Vol. 20　2022.10.21

【北海道札幌北高等学校】スモールステップで積み重ねてきた校内研修

札幌北高校では、令和２年度から３年度において、令和４年度入学生からの１人１台端末導入を見据え、端末の操作研修からICT活用の意義の確認までスモールステップで校内研修を実施してきました。令和４年度からは、クラスの連絡や授業等でICTの活用を開始、９月には、校内の実践を集約して、以下の内容で校内研修を実施しました。

研修テーマ
「本校における１人１台端末の活用について～現時点までの実践を踏まえて～」

ICT活用の　を集約・分類することで実践を表面化
校内の事例を【資料提示型】【資料配信型】【協働・作業型】【フィードバック型】（複合型を含む）に分類して紹介する。
校内に潜んでいる多様な実践を表面化

からICT活用を捉える
本校の「スクール・ミッション」及び「育成を目指す資質・能力」を踏まえ、主体的・対話的で深い学びの視点から、ICT活用について考察する。
ICTを活用する意義を再確認

１人１台端末活用の捉え方を全体で共有
１人１台端末は、効率的に理解を深め、定着率を上げ、学びの質の向上のための教具として活用する。
学校としての方向性を共有

授業における活用について実践発表
１人１台端末を活用した授業について、国語科と保健体育科の実践を発表。効果や成果のみならず、課題も共有する。
ICTを活用した授業について考察

【校長先生から】　ICTは道具であり、「何のため」を見失ってはいけないこと。学びながらやってみること。やってみた結果をシェアし、次のトライにつなげること。参考になるものは、同僚の実践にあること。先生方は本質を捉え、生徒のために前向きに取り組んでいます。

校内研修を企画するときの参考に

学校が一体となってICT活用を進めるために
「ICT活用に向けた校内研修プラン」
を御活用ください

ICT教育推進課では学校が一体となってICT活用を進めるために「ICT活用に向けた校内研修プラン」を作成し、ICT活用ポータルサイトに掲載しています。また、「みんなで研修」プログラム、「いつでも研修」プログラムは、校内研修でも活用できるコンテンツになっておりますので、併せて御活用ください。

■ ICT活用に向けた校内研修プラン
https://www.dokyoi.pref.hokkaido.lg.jp/hk/ict/kensyuplan.html

■ ICT活用「みんなで研修」プログラム
http://www.ictkensyu.hokkaido-c.ed.jp/

■ ICT活用「いつでも研修」プログラム
http://www.ictkensyu.hokkaido-c.ed.jp/minken/gen/

ることになった。そして、47都道府県の約半分のところと同様、北海道はBYOD、すなわち保護者負担でと決まった。OS、機種、購入方法等は学校裁量となった。ただし、道教委が業者とやりとりの上、参考に端末の特徴や金額を提示すると聞き、その資料を待つことになった。当初のスケジュールから2、3ケ月遅くなったが、校内で情報共有しながら、選定に向けて準備を進めた。また、各教科科目でどのような使い方をすれば最適なのか、ＩＣＴユニットと管理職は情報提供に努めた。

繰り返すが、ここでもネックになったのは、教員の手元に端末がないということである。

受験する中学生へ配慮しながら、11月には本校ホームページで情報提供した。

結果的に、本校はChromebookとし、Google for Educationが使えれば、iPadやWindows

搭載端末でも可とした。さらに、すでに所有している端末があれば新規購入不要という点も強調した。

ＳＰＡＲＫ委員会による2回の校内研修が行われた。

11月のテーマは「ＢＹＯＤによる1人1台端末の課題について」。内容は次のとおりである。

・端末活用の必要性

・Wi-Fi の利用制限について

・辞書アプリ等の利用について

担当者のお陰で少しずつ認識が広がり、意識が高まっていった。

2月のテーマは「ＩＣＴ活用による学びの質の向上」。講師は元本校教諭・教務部長、北海道教育庁ＩＣＴ教育推進課の福士公一朗氏である。校長協会の役員を務める私は、令和2、3年度、環境整備やＢＹＯＤ端末についてＩＣＴ教育推進課や高校教育課に注文をつける役割を担っていた。北海道、道教委に予算が潤沢にあるわけではないことは百も承知であったが、現場も必死である。在校等時間の縮減に取り組まなければならない中、トップダウンで決まったＧＩＧＡスクール構想を本当に生徒のためになるように進めるには、ＩＣＴ環境整備が必須である。また、ＢＹＯＤが道教委の方針であるならば、最大限のサポートをしていただきたい。そんな考えで厳しい要求を繰り返した。福士氏をはじめ、担当者は誠意を持って対応してくれ、

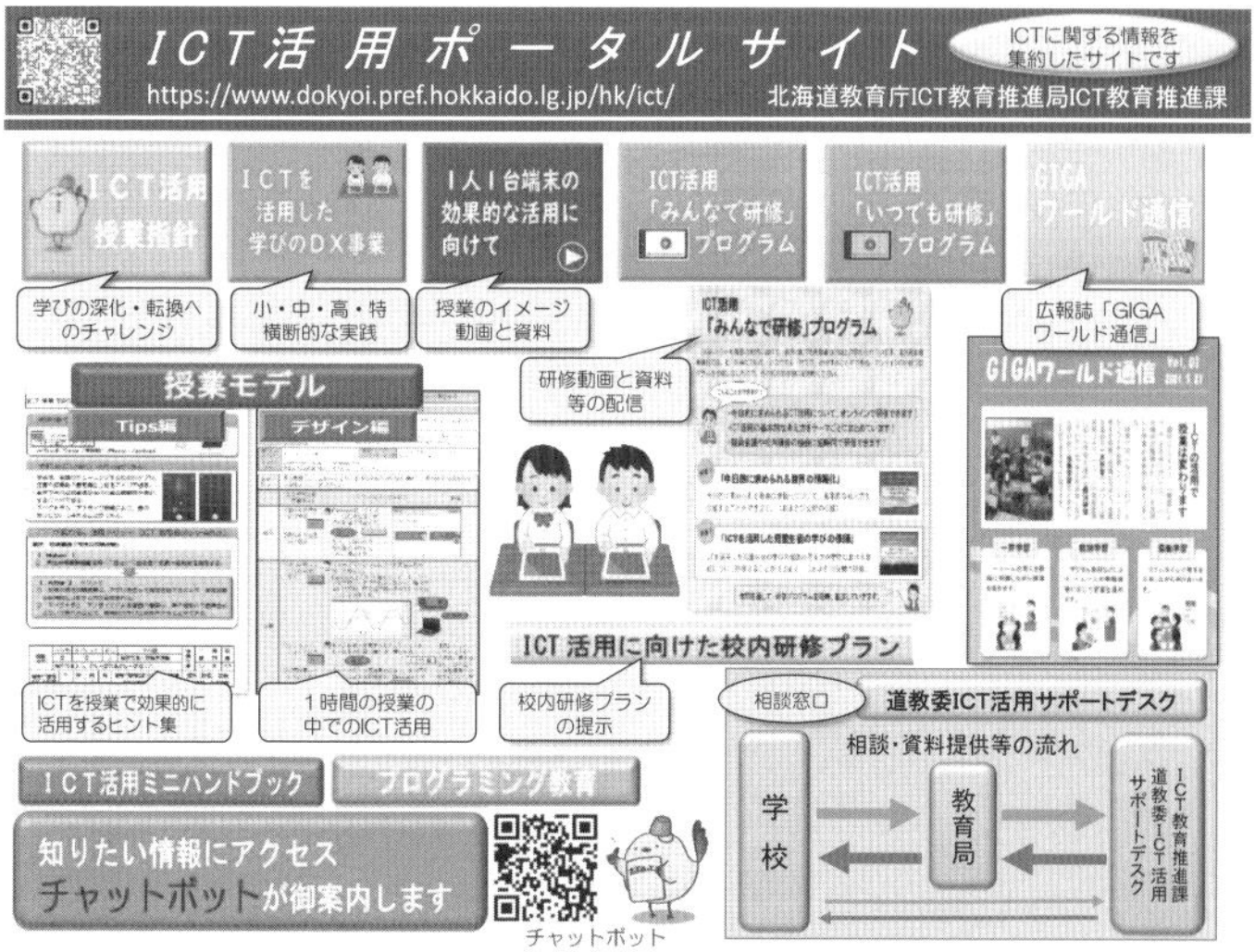

資料

紆余曲折はあったが、少しずつ進んでいった。国のコロナ予算の恩恵も大きい。

特筆すべきは、道教委のウェブのＩＣＴ活用ポータルサイト（資料）である。授業に様々な形で活用できる事例集Ｔｉｐｓをはじめ有用な資料がどんどん増えていった。全ての教科、学習指導、様々な段階に応じた内容である。サポートデスク、ヘルプデスクの対応も改良されていった。

２０２２年度が迫ってきたため、福士氏にお願いした次第である。

本校の元教諭ならではだが、学校の教育方針を踏まえ、何のためのＩＣＴ、端末なのかという目的に始まり、ＧＩＧＡスクール構想の意義を明確に述べていただいた。

ポータルサイトの紹介を中心に、具体的事例を取り上げながら、ICT活用へのありがちな抵抗感にも応じた内容であった。

最後はOODAループを説明しながら、教員として、学校としてのマネジメントのあり方にも示唆をいただき、大変有意義な研修となった。

ICT活用、さらには1人1台BYOD端末活用をやらないという選択肢はない。ゆえに、生徒の学びをよりよくするために、また誤った考えを持たず、教員の過負担にならないやり方で進めるしかない。私はこの研修によって、教員の腹が決まったと思った。

さて、当初は入学とともに生徒が端末を所有するイメージであったが、世界的な半導体不足ゆえに、それが不可能であることがわかった。入学時に直接説明できるメリットもあったが、約45,000円の出費をお願いするものであり、業者にはより早い対応を求めた。

合格通知書とともに端末に係る連絡をし、合格者オリエンテーションと入学式で説明した。結果的に学校が紹介した業者からの購入は202台、貸与は2台、他は各自が用意した。

端末の入荷は予定の5月から6月へと延びた。6月考査後に配布したが、「情報Ⅰ」の授業を活用して使い方等説明したため、また、7月上旬には学校祭、さらに夏季休業を迎えたこともあり、活用は少しずつ、教員それぞれのペースで進めていった。

夏季休業明け、ようやく学校全体の端末管理・使用の見通しが立ったため、全員に端末を配布した。Google Classroom に「教職員の部屋」もでき、様々な情報提供・共有を進めた。

私は校長として「マイペースで無理なく使ってみる」ことをずっと強調してきた。理由は第一に、端末はあくまで道具だということである。性急に進めると、そういう意図がなくても道具が目的化してしまう。それを避けたかった。第二に、ＩＣＴの環境整備がやっと整ったばかりだということだ。２０２１年度、中学校で使用していた生徒よりもむしろ遅れているのである。ここから始まるのだ。第三に、生徒１人１台端末は教員にとって革命的なことなので時間を要するからだ。確かに単なる道具である。だが、鉛筆の代わりのシャープペンシル、ノートの代わりのルーズリーフ、赤鉛筆の代わりの蛍光ペンとは異なる。教員が教授することにおいて、黒板とチョークの替わりに、ＰＣとプロジェクター、スクリーンを使うのは、それが画期的なものであったとしても、変化、改良である。これまでの道具の代替である。資料集を見る替わりに、投影された動画を視聴する。教員が模範解答を黒板に書く替わりに、生徒のノートを撮影して投影する。ＣD音声の替わりに、ＰＣから流す。全て道具の変更のことである。しかし、一人ひとりの生徒の狭い机上に端末があるのは、別世界の話である。

授業の受け方＝学び方が変わる。ノートはどうするのか。学習の記録はどう保管するのか。タッチペンを使うのか。入試における筆記試験との関係はどうか。

紙の配布・記入・提出とGoogle formsは単なる手段の変化ではなく、授業構成・時間の使い方・集約結果の共有方法を変えてしまう。何を目的にし、どう変わるのかを考えなければならない。

また、紙で配布していたものをデータで提供するのは印刷の手間を省き、資源の節約にもなるが、何をデジタルで何を紙かを判断しなければならない。

さらに、Jamboard。協働作業、学びや意見共有の仕方が決定的に変わる。従来よりスピードアップされる。これまでは、挙手をした、あるいは指名された2、3名の意見しかわからなかったのだが、クラス全員40名の考えを知ることができる。2、3のグループしか発表できなかったのが、全てのグループの協働作業の結果を知ることができる。積極的に発言できなかった生徒の学びも可視化、共有化できる。

だが、毎時間Jamboardを使わなければならないというものではなく、その必要もない。

では、どのように授業デザインするか。革命を常態に転換するには時間を要する。

少しさかのぼれば、アクティブ・ラーニングも導入の仕方が大切であった。この言葉はおよそ10年前に流行し、現在定着したと言える。これはまず、ティーチングからラーニングへの移行である。ティーチがなくなるわけではないのは言うまでもない。ティーチのない学校教育などない。ティーチなしにラーンはない。しかし、かつては「いかに上手に教えるか」「いかにわかりやすく説明するか」に偏っていたのではないか。先生がよい授業をする。それを生かすかどうかは生徒次第。そう考えられていた。だが、生かす力を育むのが先生の役割である。形式的に教わるのではなく、生徒がいかに学んでいるかに目を向けなければならない。受動的な学びは真正の学びとは言えない。私語をせずに聞き、板書をノートに書き写す。「これだけは覚えておきなさい」と言われたことを家で反復練習し暗記する。知識の再生度を問われるテストが終わればキレイさっぱり忘れ去る。

能動的な学びは、興味関心を持ち、自ら問いながら、先生の説明や教科書とともに自ら考え、答えを出す。内容を味わい、深く理解する。

したがって、アクティブ・ラーニングは内面的な学びの在り方なのだが、授業＝学びの形態を変えることが有効である。一方的に説明を聞き、ノートをとるだけではアクティブにならない。自分で調べる、気づきや考えを交換する、自分でまとめる、他の人に説明する、こうした形態がアクティブにさせる。ただし、50分の全てでそうするわけではない。

本校の場合はアクティブ・ラーニングとは何か、その本質について議論し、「アクティブ・ラーニングの目的はブレインズ・オン」であるとした。ブレインズ・オンとは自分の頭で答えを出そうともがいて活性化している状態である。まさに、先生が「ノっている」とか「一生懸命熱くなって教えている」ではなく、生徒の学びのあり方に意識を向けている。形ではない。

なお、流行語であろうと、よく使われる概念であろうと、「とは何か」と本質を問い、自分たちの手で定義し直すのは大変重要なことである。深く理解せずに単に「流行っている」「よく使われている」という理由で用いて、何か大したことを言っているかのような、抽象的で真摯さに欠ける論がある。このように、物事を本質において捉えて変化を起こすためには時間がかかるのである。

さて、SPARK委員会の企画運営による校内研修会は二度実施された。

5月の内容は、「MS Office 365 A1アカウントについて」と「教具としてのICTから文具としてのICTへ」である。教員はOfficeに使い慣れ、作成したコンテンツの蓄積もある。その点に配慮し、Chromebookへの抵抗感を減らすための研修である。また、端末活用方法の予定について情報を共有した。

既述のとおり、生徒の活用は7月開始だが、9月末には2回目の校内研修会が行われた。わずか数ヶ月で、振り返りを行い、実践事例を共有する取組は校長の指示ではない。頭が下がる。研修はICT・1人1台端末活用の実践事例のまとめと教員2名の実践報告である。

各教科及び第1学年の実践は次のように分類されている。

① 資料投影型

板書内容や資料のスクリーン投影。生徒の回答を撮影・投影する授業者もいる。

②　資料配信型
板書内容や資料をClassroomなどで配信し、生徒が端末で活用。手元の端末で見る効果、反復可能ゆえの利便性があり、家庭学習、情報共有やペーパーレス化にも資する。

③　フィードバック型
アンケートや活動内容を提出し、授業者が評価や授業展開に活用。レディネスチェック、リフレクション。生徒の理解度や進捗状況を適切に把握した上で授業することが可能になる。生徒の自己評価、他者評価にも活用。

④　協働・作業学習型
提示された課題・問題に対し、生徒が協働しまたは個別に取り組む。Jamboardやクイズなど各種アプリの活用。

この分類説明にとどまらず、あらためて「本校におけるBYOD端末の捉え方」を問い、スクール・ミッション、育成を目指す16の資質・能力、アクティブ・ラーニングとカリキュラム・マネジメントの視点から、オープンな答えを提示している。つまり、学習指導の考え方は一貫しており、授業においては、生徒が「ブレインズ・オン」の状態になることが目的なのである。ともに熱心に考えもがきながら、効率的に理解を深め、定着率を上げて、学びの質を上げる。端末はその教具として多様に活用されるべきである。決して「活用ありき」ではない。

それが結論である。

実践報告の一つ目は、保健体育。保健は復習用の小テスト（Google forms）とまとめレポート（ドキュメント提出）で活用。体育はテストを含む動画撮影。生徒のメタ認知、テスト機会の複数化ゆえの粘り強いチャレンジ、効率化に役立っている。自己の実践を評価しながら改善している点がよい。

二つ目は国語。Classroom の「授業」の活用。最も多いのが「資料」。また、Google forms で問題作成し、「課題」で投稿。結果の確認を即座にでき、指導に反映。「質問」は授業中に全ての生徒の回答の確認を可能にした。そして、実践しながら、留意点や課題を見出し、それへの対応を試みている点がよい。致命的な弱点は「slides」に縦書き機能がないこと。端末活用は万能ではない。しかし、それを念頭に置きながら前向きに取り組んでいる姿勢は生徒にもプラスに働く。

私には校長として講評の役目があったが、教員の発表を整理すれば十分だった。

何のためのＩＣＴ活用、１人１台端末なのかという目的への問い。

授業＝学びのデザイン全体の中でどう位置づけ、道具として活用するかという俯瞰的な見方。

その上で、学びの質を高めるために、高価な端末をどう使えばよいかを問う探究的、実験的な精神。

上からの指示命令で受動的に動く、義務感で働くのではない自立した教師集団。したがって、私は感想のシェアのためのペアトークを指示しただけであった。

本校のＩＣＴ活用はまだ始まったばかりである。全国の先進校に比べれば遅れている点があるだろう。しかし、これまでの経緯と活用の目的を考えれば、十二分に優れた実践と自負している。今後、小中学校でより長く端末を活用した生徒が入学してくる。高校では２０２４年度には全ての生徒が端末を購入していることになる。

地に足のついた端末活用が進み、より学びの質が高まっていくことを確信している。

4. パーパスを見失わないＩＣＴ活用

何よりも大切なことは、パーパス（目的）を見失わずに、ＩＣＴ活用を進めることである。「よりよい学校教育を通じてよりよい社会を創る」を本気で考え実行する。

現在の日本の社会を「よりよく」しなければならない。政治への信頼が失われ、経済の停滞が30年も続いている。食料、環境、エネルギー、格差と貧困の問題がある。民主主義やジェンダー平等に係る国際的なランキングも低い。少子高齢化が加速し、人口減少が進行している。もちろん、多面的な見方ができ、日本の全てが絶望的ということではない。しかしながら、限界集落が増え、労働力人口が減少し、国の借金が膨大化した末にある社会の姿はどういうものになるのだろうか。

適切な危機感を持ち、どうやって「よりよい社会を創る」かという、容易く答えの出ない課題に真剣に向き合わなければならないだろう。

そして、私の答えは学校教育をよくすることである。

それは誰かだけ、どこかの組織だけでできることではない。国、自治体、学校、生徒、保護者と特定できない。全ての国民、全ての組織が教育をよくする当事者になるべきだと考える。

国家百年の計は教育にあり。

日本は教育立国。

そのとおりである。それをお題目として唱えても意味はない。

その理念をいかに具現化するか、一人ひとりにかかっている。

したがって「よりよい社会を創る」ための「よりよい学校教育」がどのようなものかを明確にし、共有しなければならない。

それはすでに今年度から年次進行で開始した学習指導要領や中教審答申「令和の日本型学校教育」に描かれている。

誰一人取り残さない。主語は生徒であり、主体的で自律した学習者を育成すること。個別最適で、そのつど個に適した学びを生徒本人も教師も選択すること。学び方を学ぶこと。知識を深く理解しながら、見方・考え方を身につけること。自ら問いを立て、協働的に探究すること。

ＩＣＴ、１人１台端末はそれに資するものでなければならない。

そして、その活用の仕方は各校のスクール・ミッション及びポリシーにより異なるだろう。どう活用するのが最適かを探究する自由度が、保証される必要がある。

「普通科改革」であれ何であれ、トップダウンで、かつ現場の多様な探究を損なうものではいけない。何をどうしたいのか、変えたいのか。上下、縦横の組織、エージェントが丁寧な対話を行って進めるべきである。

その上で、多数多様な学校に共通するテーマは次のとおりである。

第一に、学び方の組み合わせ。

経済産業省で「未来の教室」推進事業を進めた浅野大介氏は、教育ＤＸとは「学び方の組み合わせ自在化」だとしている。

それは「対面／オンライン」と「オン・デマンド（必要なときに）／ライブ」の組み合わせ、つまり、４つのパターンをデザインすることである。

・必要を感じ、先生に質問に行く。
・場に集まって、意見交換し、協働して創り上げる。
・講義動画やドリルで、わかるまで繰り返し、知識・技能を習得する。
・Zoom等で国境・地域・学校を超えて、意見交換し、協働する。

組み合わせ方は自由であり、生徒をよく見ながら、実験、試行錯誤し、最適を探究することができる。

教員側にはデザイナーとしての力が求められる。

また、生徒側には、学びのどの部分をどのようにやればよいかを考え、実行する力が求められる。

結果的に、一つの教室にいる生徒が同じ時間に多様な学び方をしている、一つの学校にいる生徒が別々な環境で学んでいるということが増えていくだろう。

意欲がなく、よく理解しなくても、教室でじっと座っていて、先生の指示どおりに作業し、テスト勉強で詰め込んだ知識を再現し単位を取得するよりも、ずっとよい。

「自分には、自分たちにはここまでできるから、この部分を先生は教えてください」と要求するのが望ましい。学校の学びにおいても、社会においても、自分で考え、行動、表現する人間が必要である。

第二に、学びの評価。

学習指導要領が日本の全ての学校に統一性を保証する。しかし「与えられる」学習内容の統一性にとどまってはならない。また、理想に固執し、現実の学校の差異を看過してはいけない。さらに、高校の出口で、そして上級学校の入口で何が求められるかを再考しなければならない。難しい課題である。

実は、浅野大介氏は教育ＤＸについて、上記に加え、それは「データ利活用」だと言っている。学習ログのデータベース。学びの履歴がデータで残ることにより、それを次の学びに生かすことができる。

自分の学びのあり方をメタ認知し、評価すること。他の生徒の学びのあり方や教員の指導助言を生かして、次の学びを考えること。自己のキャリアを見越して、学びの内容を考え、質を高めていくこと。

「観点別評価」の「指導要録記載」という形の変化で終わってはいけない。「評価と指導の一体化」から、さらに「評価と学びの一体化」へと転換していく必要がある。

第三に、教員の役割の再定義。

先生の説明する役割はなくならない。教材研究、質の高い知識の必要性も変わらない。しかし、説明するとは、先生のことばを生徒の頭にコピーすることではない。生徒の頭にコピーされたものをテストで再現させることが教育ではない。生徒が自ら理解しようと頭を働かせることをサポート、ファシリテートすることが大切である。生徒の読解力や論理的思考力、表現力などを育成するための指導が必要である。それはこれまでも大切だったが、生徒に新しい道具があることにより、あらためて、教師としての役割を考え直すことができる。

さらに、学校組織の教員スタッフについても、例えば、教員の8人の小規模校にあって、説明のできる先生が何人必要か、人数を減らしオンラインの活用で効果的に進められないか検討することもできるだろう。

ICT・1人1台端末をめぐる国ないし自治体への要望がある。

日本の学校教育が「定額働かせ放題」「ビルド、ビルドでスクラップなし」と言われるが、GIGAスクール構想も「ビルド」の面がある。効率化・合理化に貢献するとしても、少なくとも現段階では仕事量が増えている。無線LANのトラブル対応、生徒のGoogleアカウントの交付、入学者へのBYOD端末の斡旋、ネットワークへの接続設定などである。前述したとおり、道教委のICT推進課の尽力でサポートデスク・ヘルプデスクは充実しているが、あくまで対応するのは現場の人間である。ネットワークや情報機器のトラブル対応は専門的な技術が求められることから、情報担当ないし分掌担当の教員の負担が大きくなる。やはり、専門的な技術を有するICT支援員の学校配置ないし巡回指導が望ましい。

また、機器は消耗品であり、更新時期が来る。現在、校舎を含め、施設・設備の更新がことごとく後ろ倒しになっている。社会や教育のニーズに応じていない。ＩＣＴ機器の更新予算を十分確保してほしい。

さらに、1人1台端末は自治体の貸与と保護者負担が半々であるが、日本が教育への本気度を示すためには、国や自治体が購入し負担するようお願いしたい。

結びになるが、未来に向かい、スマホやネットがなくなることはない。デジタル人材が必要であることも変わらないだろう。ＡＩやＩoＴはさらに進展し、車をはじめ自動化が進むだろう。教育のＩＣＴ化は「当たり前」のことだ。しかし、だからと言って、地位が上にある者がビジョンや形を一方的に押しつけるならば、民主的な「よりよい社会」にはならない。

ベルクソンが「砂糖が溶けるのには時間がかかる」と言ったように、物事を適切に進めるためには時間を必要とする。

教育のＩＣＴ化が対話によって進み、全体最適の視点から「よりよい学校教育」に貢献し、それが「よりよい社会」を実現することを切に願う。

34年間お世話になった全ての方々、出会った生徒たち、人々に感謝して筆を置く。

〈参考資料〉
・北海道札幌北高等学校ホームページ
・北海道教育委員会ホームページ　ＩＣＴ活用ポータルサイト
・２０２２年度北海道高等学校長協会後期研究協議会　浅野大介氏　講演資料「「未来の教室」を構想する――ＤＸ、心理的安全性、組み合わせ自在――」。
・アンリ・ベルクソン著、合田正人訳『創造的進化』ちくま学芸文庫、１９７９年。

第4章

地方型コミュニティ・スクールのＩＣＴ活用の現状と課題

―北海道別海高等学校の取組―

北海道小樽潮陵高等学校長

佐藤　一昭

道立高校初のコミュニティ・スクールとして取組を進めてきた、地域の小規模校での BYOD の取組を紹介。町や学校運営協議会とどう連携を深めて実現してきたのか。そして、「個別最適な学び」と「協働的な学び」をどう実践しているのか、佐藤氏の前任校での取組を見ていく。

1. 道立学校初のコミュニティ・スクール

私が2021（令和3）年度からの2年間勤務した別海高校は、北海道の東部、別海町に所在する普通科3学級、酪農経営1学級、農業特別専攻科1学級を併設する全校生徒約300名の道立高校です。2012（平成24）年度、道立高校としては初めてコミュニティ・スクールを導入しました。

歴史をたどると、元々は1950（昭和25）年に、隣町にある中標津高校の分校として開校し、1952年に村立の高校として独立。1964年に昼間（季節）定時制の酪農科が設置されると、1978年に道立へ移管された後も、酪農後継を志す多くの生徒たちが、自家の牧場での農作業と学業との両立に励んできました。

やがて時代の流れとともに、酪農科は定時制としての役割を終え、2007年に全日制酪農経営科へと学科転換されましたが、当時、その準備を進める上で大きな課題がありました。定時制酪農科開設以来、本校には牛舎がなく、酪農科に通う生徒のほとんどは親が酪農を営んでいましたので、実習については、その多くを自宅の牧場で行ってきました。しかし、酪農科を設置している学校で、牛を飼育していない学校は全国的にも珍しく、全日制に替わると酪農家以外の生徒の入学が増えることも予想されることから、「実習はどこで行うのか？」、「牛舎を持たない本校が、全日制へ学科転換することは難しいのでは？」といった疑問や不安の声が学校内外から聞かれました。

こうした課題の解決に向け、学校と町、地域の酪農関係者の方々とでいろいろと検討を重ねた結果、新規就農者を育成する町の酪農研修牧場や地域の酪農家の牧場を借りて実習を行える体制が整い、無事に全日制酪農経営科へと学科転換することができました。現在も牛舎はありませんが、酪農研修牧場に宿泊して、飼養管理実習や搾乳実習、削蹄実習を行うなど、地域の酪農施設を利用した様々な実習を行っています。

一方、普通科では、長い間、総合的な学習の時間を活用し、地元のお年寄りが集う寿大学と連携してパークゴルフ交流会を行ってきたほか、健康づくり教室や小中学校との交流授業を実施するなど、古くから地域と連携した教育活動を展開してきました。また、ＰＴＡや同窓会、酪農後継者を育てる会、教育振興会など様々な団体からの支援も厚く、地域から「おらが町の高校」として、たくさんの応援をいただいてきました。

こうした中、「地域の子どもは地域で育てていく」といった視点を一層重視し、学校・家庭・地域社会が一体となった特色ある学校づくりを推進するとともに、地域の活性化を図ることを目的に、２００７年度から国や道の指定を受け、「みんなで拓く学校づくり運営協議会」を発足し、コミュニティ・スクール（学校運営協議会制度）の調査研究に取り組み、２０１２年度、道立高校初のコミュニティ・スクールに指定されました。

本校の「みんなで拓く学校づくり運営協議会」は、PTA会長や元PTA役員、地域住民、歯科医師、農協職員、酪農関係者、小中学校の学校運営協議会関係者、町教育委員会教育委員、大学教授及び本校校長等の15名の委員で構成され、学校課題等について熟議を行っています。

本運営協議会は、校長を除く14名の委員が「中高連携部会」「学習・進路部会」「生活・保健教育部会」「農業教育部会」の四つの部会に分かれ、熟議の中で見出された解決の方向性等について、担当教員と協働して取組を具現化させたり、町や関係企業・団体等と学校とをコーディネートしたりしています。具体的には、コミュニティ・スクールがスタートした当時、地域柄、生徒の大学に対する理解不足や職業に対する視野の狭さが問題視されると、「学習・進路部会」が町や地元の商工会、中小企業家同友会等と連携し、町立病院に僻地医療の実習に来ていた医学部の大学生たちを囲んだ座談会「もっと知りたい！医療のこと」を実施したり、地元企業を集めた合同説明が行われたりするようになりました。

また、酪農経営科における教育活動の一層の充実について話し合われると、「農業教育部会」の働きかけにより、酪農研修牧場や近くの酪農家から実習用に牛を貸し出していただけることとなり、校内で牛の家畜審査を行ったり、牛の美人コンテストとも言われる「共進会」に参加したりするなど、生徒の実習の幅が大きく拡がりました。

２０２１（令和３）年には、「今後30年以内に、根室沖で震度６弱以上の地震が発生する確率は80％である」といった報道がありました。これを受け、「防災教育の在り方」に関する熟議が行われ、これまではグラウンドへの避難行動が中心だった避難訓練を見直し、近隣の中学校や幼稚園、保育園と合同による避難訓練を実施し、園児の手を引いて避難したり、中学生を避難場所へ誘導したりしました。ほかにも、町の防災担当課に協力をいただき、町内会の人たちと一緒に体育館で段ボールベッドを組み立てたり、非常食を試食したりする避難所設営体験を行い、災害発生時、自身の安全確保にとどまらず、地域の人たちと助け合う行動の必要性や大切さを学ぶことができました。

運営協議会は、学校のPR活動や生徒募集に関しても積極的に取り組んでおり、これまでに、町や関係企業等に対し「学校案内板の設置」や「民間寄宿舎の建設」を働きかけたり、「ｅラーニング受講補助」や「生徒の大学視察支援」、「部活動の遠征費補助」などを要望したりしました。結果、以下のようにいずれも実現されて、本校の魅力ある学校づくりにつながっています。

●別海町による「北海道別海高等学校支援事業」（2021年度当時）

・バス通学費の全額補助

・部活動バス無償運行
・部活動遠征費補助
・進学対策支援eラーニング受講補助
・大学視察支援事業（大学視察）
・高校生健診（ミニ人間ドック）
・海外派遣事業補助（酪農先進地での研修）
・部活動外部指導者派遣事業
・寄宿施設等の利用費助成、空室助成

2. 町・学校運営協議会との連携で始めたBYOD

こうした道内初のコミュニティ・スクールとして、本校は様々な取組を続けてきました。そうした中、やはりICT化への対応が必要だということで、生徒のタブレット端末の確保に向けた取組が始まりました。議論の結果、本校では運営協議会の協力の下、タブレット端末購入費の一部を町から補助してもらう形で、BYOD（Bring Your Own Device）を実施することとなりました。補助の具体的な内容は、次の通りです。
①２０２２年度の入学生から、全員に販売価格の６割を補助
②収入の少ない家庭へは、最大８割まで補助が追加
こうした町からの支援を受け、基本的に、入学時、全員に指定する端末を購入してもらうという方針の下、１人１台端末を活用した授業を実施することとしました。補助があっても経済的に端末の購入が困難な家庭の生徒へは、学校から端末を貸し出せることとしていますが、導入年度の実績としては、入学生全員が端末を購入できています。
端末購入費補助が決まるまでは、もちろんそう簡単な話ではなく、何度も町とやりとりしました。その過程は以下の通りです。

［5月］・職員会議で、本校のＢＹＯＤの考え方を検討
（ＢＹＯＤの実施に向けたロードマップを作成）
・町教育委員会教育長にＢＹＯＤの考え方や他の自治体の取組などを説明、購入費の補助について協力を依頼
・町教育委員会学務課担当者と打合せ（以降、随時）

・町内小中学校校長会で説明
・本校PTA役員会で説明
〔6月〕・町内の中学校（8校）を訪問し、中学校の保護者への説明方法を調整
・中学校における学校説明会や見学旅行説明会等において、中学3年生の保護者に説明
・職員会議で、端末の購入方法の考え方を検討（端末の購入に向けたロードマップを作成）
・町内の端末取扱事業者による販売説明会（商品紹介）を実施し、販売希望価格を調査
・町教育委員会で予算を検討
〔8月〕・みんなで拓く学校づくり運営協議会で説明
〔9月〕・町長へ端末購入費補助に関する要望書を提出（運営協議会会長、PTA会長、校長の連名）
〔10月〕・町議会において端末購入費の助成を決定
〔11月〕・町内の端末取扱事業者による見積もり合わせを実施（販売店、指定端末、販売価格を決定）
・町教育委員会で助成内容を決定
〔12月〕・町教育委員会と補助の申請時期や手続方法などについて打合せを開始
・入学願書と一緒に保護者向けリーフレット配布

町からの支援の方法としては、当初、他の自治体の取組などを参考に、大きく次の２パターンを町教育委員会に提案し、検討してもらいました。

①町が用意（購入）した端末を生徒へ貸与

②生徒の端末の購入費を町が補助

町としては、本校への支援事業の内容を見直し、町が端末を購入し貸与した場合、端末の保守・管理の面で対応が難しいなどの理由から、予算との兼ね合いもあり、最終的に「生徒の端末の購入費を一部補助する形」が選択されました。

こうした町からの支援が得られるようになったのは、長年にわたり、運営協議会が生徒の学習環境の向上を図るため、町に対し様々な要望を行ってきてくれた成果です。学校だけでは決して実現できない１人１台環境ですが、こうして運営協議会そして町の協力で実現できました。

（１）使用機種を統一した「別海スタイル」

先述の通り、本校では、生徒に入学時、本校が指定する端末を購入してもらうこととしました。保護者の経済的な負担を考えると、端末機種を指定しない方が望ましいとの意見もありました。しかし、当時、ＩＣＴ機器やインターネットに精通している教職員は少なく、機種の違いから起きる様々な不具合やトラブルにうまく対応できるか心配する教員も多く見られました。また、町からの端末購入費補助により保護者負担も軽減されることを踏まえ、PTA役員とも相談し、円滑な授業の実施と教員の負担軽減の観点から、指定する端末を用いて授業を行うことに決めました。

実際、校内でBYOD導入準備に取り組み始めた当初、トラブルが発生することがわかりました。クラウド利用に向けた研修を行った際、教職員41名に対しWi-Fiを利用できる教員用の端末が4台しかなかったため、Windowsマシンやipad、Chromebookなど、個人所有の端末を持ち寄って研修を行ったところ、機種によってはスムーズにWi-Fiにアクセスできなかったり、アプリが起動しなかったりして、作業が中断したことがあったのです。そこで、

①全ての教科・科目でクラウドを活用する。

②できることから始める。

この2点を、1人1台端末を活用した授業の実施に当たっての基本方針として定め、ICTに不慣れな教員でも、気兼ねなく、すぐにクラウドを活用した授業が実践できるよう、新設された町の端末購入費補助制度を利用して使用機種を統一する方法（以下、「別海スタイル」）でBYODを実施することとしました。

また、機種購入方法についても検討しました。2021年に北海道高等学校長協会釧根支部が行った中学校3年生の保護者を対象に行ったアンケート調査によると、別海町では「機種指

定有り・業者斡旋を希望」と回答した割合は53・4％、「機種指定有り・家庭で用意を希望」と回答した割合は22・4％、「機種指定無し・家庭で用意を希望」と回答した割合は24・1％となっていました。本町には、パソコンを販売している量販店がないこと、さらには、町からの補助を地元に還元したいとの考えから、本校で町内の販売店を斡旋することとしました。これも「別海スタイル」の特徴です。ほか、「別海スタイル」の特徴をまとめておきます。

①基本的に、入学時、生徒全員が本校の指定する端末を購入
②町から端末購入費の一部が補助（全員対象）
・補助額は、販売価格の6割程度
・収入の少ない家庭へは、最大8割程度まで補助が追加
③町内の販売店を斡旋
④購入が難しい場合は学校の端末を貸与
※2022年度の実績
・指定機種　Chromebook（10・1型、キーボード脱着型）
・価格　45、000円（税込み）（3年間の修理サービス付き）

・町からの補助　購入金額の6割、27、000円（収入の少ない家庭は8割、36、000円）。実質購入価格は18、000円（収入の少ない家庭は、9、000円）。

こうして「別海スタイル」を整備し、端末導入を進めました。これによって多くのメリットが生まれました。まずは、授業中は生徒が同じ端末を使用することで、端末の操作方法が統一されたり、同じアプリを利用できたりするなど、教員が指導しやすくなりました。また、生徒同士で操作方法などを教え合いながら、学習を進めることもできるようになりました。さらに、個人所有なので、教員が端末を管理する負担が軽減されると共に、生徒が必要なアプリをインストールするなど、目的に応じて自由に使用することもできます。

そして、端末購入に当たっては、低所得世帯でも学校が指定する端末を購入しやすくなる、活用状況や目的に応じて、年度ごとに端末を変更できるなどのメリットもあります。

(2) 校内体制の整備

同時に2022年度から、1人1台端末を活用した授業をどう実現していくかについても検討が始まりました。まずは2021年5月、校内に「1人1台端末活用授業推進委員会」を組織しました。構成等は以下の通りです。

①構成
校長、教頭、事務長、総務部長、教務部長、情報通信担当教員、事務職員及び有志教職員
②主な活動内容
・町との協議・調整
・１人１台端末を活用した授業研究（家庭学習への活用を含む）
・校内研修の企画・実施
・クラウドアカウントの作成・交付準備
・Wi-Fiやクラウド等の利用に係る校内規程（ガイドライン）の策定
・指定端末（機種）の検討・決定
・購入方法の検討、斡旋業者選定
・近隣中学校の保護者、地域住民への説明、周知　など

さらに、１人１台端末を活用した授業を実践するためには、教員のクラウドやChrome

bookに対する理解を深め、端末を活用した授業スキルを高めることが急務であると考え、次の方針の下、教員の指導力向上に向けた取組を進めました。

・初歩的な内容から発展的な内容へと段階的に研修を行う。
・教員の負担を軽減するため、研修時間を短く設定する。
・会議などで積極的にクラウドを活用することで、クラウドの活用に慣れる。
・やれそうなところから取り組む、など

そして、2021年5月以降、様々な研修を行いました。具体的には以下の通りです。

［5月］・第1回校内研修／テーマ「校内Wi-Fi環境とBYOD」／講師：校長
［6月］・第2回校内研修（前期中間考査期間中）／テーマ「クラウドとは」「Chromebookの特徴」／講師：校長
［7月］・第3回校内研修（Googleオンライン説明会（リモート））／テーマ「Google Workspaceの使い方について」／内容Google ClassroomやスライドGoogleスプレッドシート、フォームの特徴とその使い方／講師：Google職員／※GoogleからChromebookを40台借用（研修の前後2週間）

［8月］・Google の個別相談会（リモート）／本校1人1台端末活用授業推進委員会の委員から Google 職員に、次の内容を質問。①教員の異動に伴うデータの引き継ぎ（共有フォルダの設定）、②Chromebook や iPad とプロジェクタの接続方法（音声の不通への対処）、③Chromebook からの印刷、④ＭＤＭ（モバイル端末管理）の必要性など。

・みんなで拓く学校づくり運営協議会／運営協議会の委員に、クラウドを使った授業のイメージを紹介するため、部会ごと別室に分かれて実施している協議の内容（意見等）を「スプレッドシート」に記入（同時編集）して各部会の進捗状況を共有

［9月］・第4回校内研修（前期期末考査期間中、3回に分けて実施）／テーマ「オンライン学習の簡単な実施に向けて～Google Classroom からの Meet の実施方法を習得～」／内容：①各教員が担当するホームルームや科目の「クラス」を作成、②Google Classroom からの Meet の利用方法を実習／講師：校長

・研修会実施後／①1人1台端末活用授業推進委員会が、生徒向け「Google Classroom」の設定マニュアルを作成、②オンライン学習開始（保護者へ文書配布）。全道大会出場後、自宅で休養となった生徒等に対し、オンラインで授業を配信。

［10月］・各教科でＩＣＴを活用した授業を実践／1人1台端末活用授業推進委員会の委員によるクラウドを活用した授業研究

［11月］・「Googleフォーム」を使った健康観察「さぁチェック」を開始
［12月］・第5回校内研修／テーマ「1人1台端末を活用した授業の実践に向けて」／内容：①Jamboardを活用したグループ活動体験、②Googleフォームを活用した評価演習、③ICTの活用例など／講師：1人1台端末活用授業推進委員会の委員

（3）一から始めたクラウド活用による授業実践

1人1台端末活用授業推進委員会の委員が中心となって、各教科でクラウド（Google Workspace for Education）を活用した授業研究が行われ、実践されました。まずは、教科の特性や生徒の実態に応じて、手探りで効果的な活用を模索し、自分たちのできるところから、少しずつ活用が広まっていきました。

①公民「政治・経済」の実践

Googleフォームを活用して「小テスト」を実施するところからスタートしました。フォームによる小テストは、用紙の配布・回収の時間が省略できるばかりでなく、実施と同時に採点・集計作業が完了するため、テスト終了後すぐにクラス全体で結果を共有することができ、授業の振り返りなどの場面で有効であることや、学習ログとしても期待できることが周囲

の教員へも広まり、徐々に他教科でもフォームによる小テストが実践されるようになりました。

現在は、小テストのほか、「生徒の自己評価」や「生徒による授業評価」などに利用されています。

②地理・歴史「日本史B」の実践

Jamboard（ジャムボード）を活用した「グループ学習」に取り組みました。

Jamboardは、それぞれの生徒が同じシート（画面）上で、付箋機能を使って色分けされた付箋に自分の意見を書いて並べたり、付箋を動かしたりするなどの同時編集

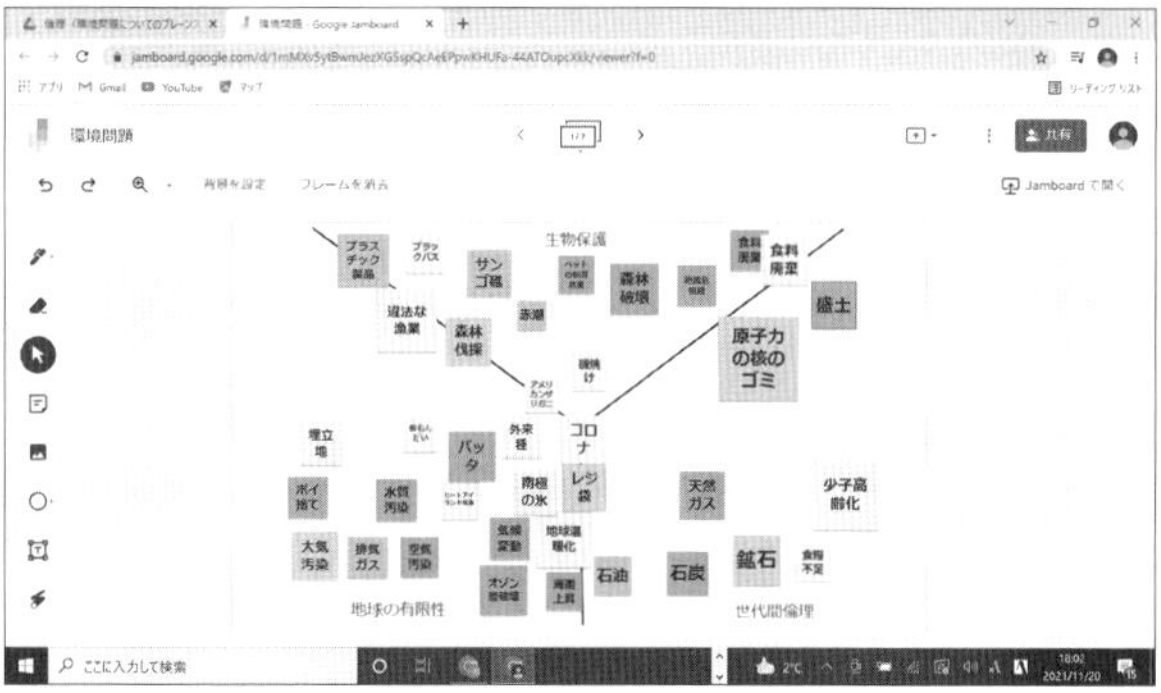

Jamboardの画面（上・政経／下・日本史B）

ができるので、グループ全員が一斉に作業を行ったり、話し合いに参加したりできることや、他のグループの考えを共有できることから、これまでのグループ活動に比べ、活発な意見が交わされ、理解の深まりが感じられました。

現在は、「総合的な探究の時間」を中心に他教科でもJamboardを活用したグループ学習が行われており、積極的に協働的な学びに取り組む教科が増えてきました。

③数学「数学II」の実践

黒板を使わず、Jamboardを使って問題を提示する授業スタイルに変更しました。PDFなどで取り込んだ問題をJamboardのシートに貼り付け、マーカー機能を使って、直接書き込みながら解説することで、教員の板書の時間を減らし、演習の時間を多く確保することができます。

また、シートはそのまま残るので、生徒の板書の必要は無くなり、教員の説明に集中することができ、「な

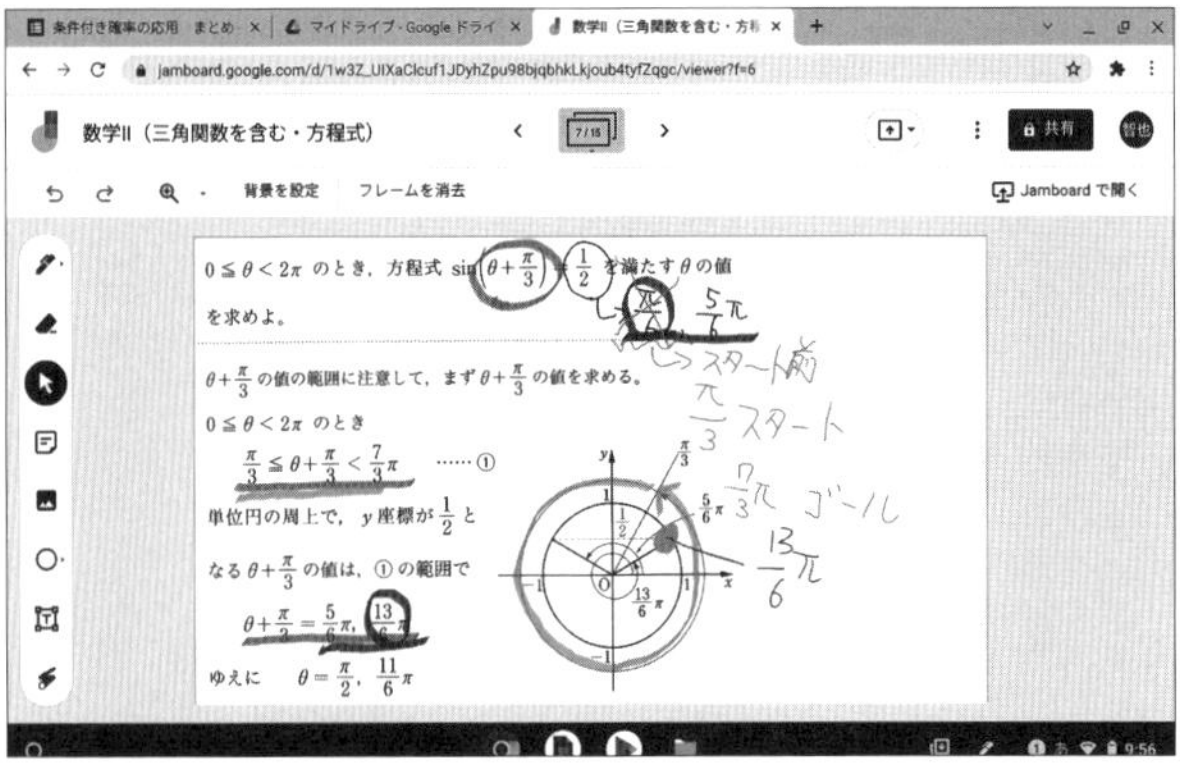

Jamboard の画面（数学 II）

ぜ」「どうして」など、考えながら授業に参加する態度の涵養が期待できます。

生徒のアンケートからも、「新しい授業スタイルに変わって、分かるようになった」といった声があがっており、他教科でも、教科書の本文をJamboardやスライドを用いて提示するようになってきました。

④その他

Google Workspace for Educationを活用した授業以外にも、次のような授業が行われました。

・国語：「スタディサプリ」のアンケート機能を利用して、生徒が作った短歌の作品についてクラス全員で審査。
・体育：端末のカメラ機能を使って、器械体操の動きを録画し、生徒同士で改善点を検討。
・音楽：YouTubeを利用してオーケストラ等の映像を視聴し、曲の特徴を感受。
・英語：無料アプリ「Kahoot!」を利用して、クイズ形式でトピックの内容や単語の意味を確認。
・家庭：YouTubeを利用して、洗剤に関する実験を視聴し、洗剤のしくみを理解、など。

年度始め、ＩＣＴを活用した授業は多くはありませんでしたが、「全ての教科・科目でクラウドを活用する」「できるところから始める」の基本方針の下、クラウドを活用した授業研究に取り組んだことで、この一年間、ＩＣＴを活用した授業が積極的に行われるようになりました。

（4）オンライン学習の実施

２０２２年1月末、本校でも新型コロナウイルス感染症の陽性者が複数発生し、臨時休校となりました。この間、Google Meet を用いて、全学年で朝のＳＨＲを行うとともに、時間割に沿ってオンラインによる双方向の授業を配信しました。

授業の配信に当たっては、資料を画面共有しながら説明する教科もあれば、カメラの前に教科書を拡げながら説明する教科や三脚にタブレットを固定して黒板に板書しながら説明する教科、大型テレビに写した資料を別のカメラで撮影しながら説明する教科もありました。

授業方法は様々で、スマートな配信とは言えない授業もあったかもしれませんが、それぞれの教員が、今、やれる範囲で、やれるオンラインを行ってくれたおかげで、いつでも時間割通りにオンライン授業を配信できる体制を整えることができました。

このときの経験も生かし、現在では、風邪症状等で休む生徒や家族が感染し自宅待機となった生徒等に対して、可能な限り全ての教科・科目で教室の授業をリアルタイムで配信しています。

3．BYODで実現する「個別最適な学び」と「協働的な学び」

（1）実際のBYOD実施を迎えて

そして、2022年度はいよいよBYOD本格実施となりました。「1人1台端末を活用した授業実践」を重点的な取組の一つに掲げ、各教科でICTを効果的に活用して「1人1人にとって最適で、協働した学びの実現に向けた授業づくり」を進めています。

具体的には、端末（クラウド）の活用に当たっては、課題や宿題の配布・回収・フィードバック、教材（資料）の共有、連絡、アンケート、動画の視聴、ビデオ会議など、一元的に学習管理のできるGoogle Classroomを活用することとしました。年度始め、全てのホームルームや教科・科目においてオンライン上に「クラス」を作成し、生徒が自分の履修（在籍）しているホームルームと教科・科目の「クラス」に参加する体制を整えました。

また、端末（クラウド）の活用には、次のようなメリットが考えられることを教員全体で確認し共通理解を図りました。そうして、教科特性や生徒の実態を踏まえながら、できるところから活用を工夫していくこととしました。

・板書やプリントの配布・回収時間等を削減し、生徒の活動時間を増やすことができる。

・全員の意見や考えを瞬時に把握したり生徒同士で交流したりすることができ、視野を広げたり理解を深めたりすることができる。
・共同編集機能を使って作業することで、全員が話し合いや作品づくりなどに参加することができる。
・難易度別に課題を用意することで、生徒が自分の習熟度に応じて課題を選択して学習を進めることができる。
・実技では、自分の姿を録画して見返すことができ、自身で改善ポイントなどを見出すことができる。
・アンケート機能を使うと、小テストの解答や採点、生徒の自己評価の集計等を瞬時に行うとともに、グラフを作成して達成度や取組状況を可視化し共有することができることから、授業の振り返りに有効に活用できる。
・取り組んだ課題やテストなどをそのままフォルダ内に保存しておけることから、学習ログとして個人の成長の過程等を記録として残すことができる。
・授業に参加できない生徒に対しオンライン（双方向）で授業を配信し、授業の補充に役立てることができる、など。

こうして進めてきたBYODですが、半年ほど進めたところでアンケートを実施しました。

２０２２年11月に行った本校教員に対する「端末（クラウド）活用に関するアンケート」の結果によると、「授業で生徒の端末（スマホを含む）をどの程度活用していますか？」という質問に対し、１年生の教科・科目を担当している教員18名のうち、「ほぼ毎時間」と回答した割合が11・１%、「使うことが多い」が33・３%、「半々くらい」が44・４%、「使わないことが多い」が11・１%、「全く使わない」が０%でした。（BYODを行っていない）２・３年生のみを担当している教員10名を含めても、「ほぼ毎時間」「使うことが多い」「半々くらい」の合計は78・６%で、ほとんどの教科・科目において、積極的に端末（クラウド）を活用した授業が行われていることがわかりました。

また、活用場面別にも聞いてみました。結果、教科書や資料の「提示」が67・９%で最も多く、続いて「課題（資料）の配布・回収」が60・７%、「オンライン授業」が57・１%、「検索」が53・６%、「動画の視聴」が50・０%、「授業の振り返り」が39・３%、「授業の予告」が35・７%、「協働作業」が32・１%、「発問や演習の確認」「発表」「小テスト」「宿題」「授業評価」がそれぞれ28・６%、「意見交換」「個別演習（作業）」「記録」がそれぞれ17・９%となっていました。

本校では、「１人１台端末を効果的に活用し、主体的・対話的で深い学び実践する」ことをスクール・ポリシーの一つに掲げ、その実現に向け、各教科とも授業中の生徒の活動時間の確保を重視した授業デザインの工夫に取り組んでいます。「提示」や「課題（資料）の配布・回収」などの活用が多いのは、各教科において、授業を能率化させ、生徒の主体的な活動時間の確保を目的に端末（クラウド）の積極的な活用が行われているからと捉えており、ＩＣＴ活用が授業改善に確実に生かされていると感じています。

（2）「個別最適な学び」と「協働的な学び」に注目して

こうして、日々、学校内で端末を活用している様子が見られるようになりました。先日、１年生の「現代の国語」の授業を覗いたところ、定期考査の答案を返却しているところでした。返却前に、各自端末を取り出し、用意されたフォームに「予想点数」や「課題の取組状況（取り組んだ回数）」などを入力して全体で

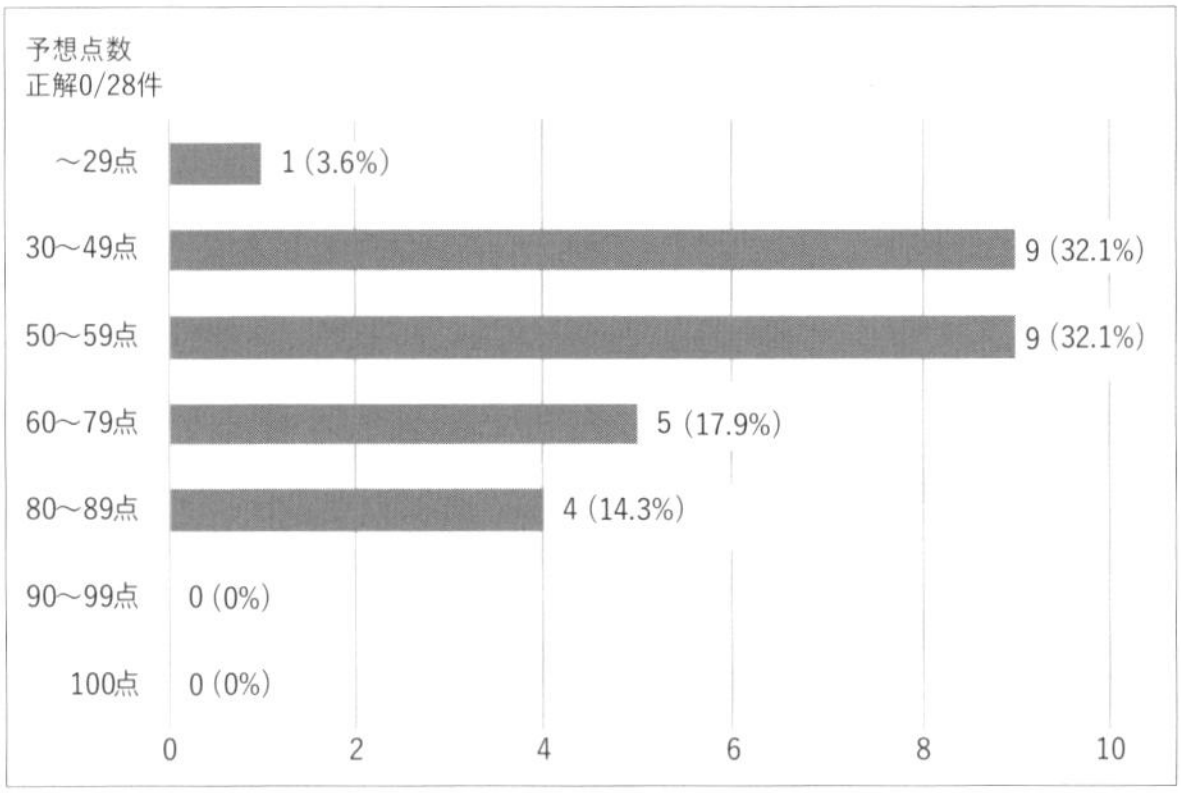

共有し、返却後には、「得点に対する満足度」などを入力し、再び全体で共有していました。

一見、よくあるテスト返却時の振り返りの場面ですが、ＩＣＴを効果的に活用しながら「個別最適な学び」と「協働的な学び」が一体的に行われた授業だと感じました。

たとえば、テストに向けた取組状況を振り返る活動を行った後に得点を確認し、予想と結果を比較させた点です。生徒は個々に自身の取組と成果を関連付けて、取組が十分だったのか、不十分だったのかを反省し、今後どのように取り組めばよいかをしっかり考えることができたことと思

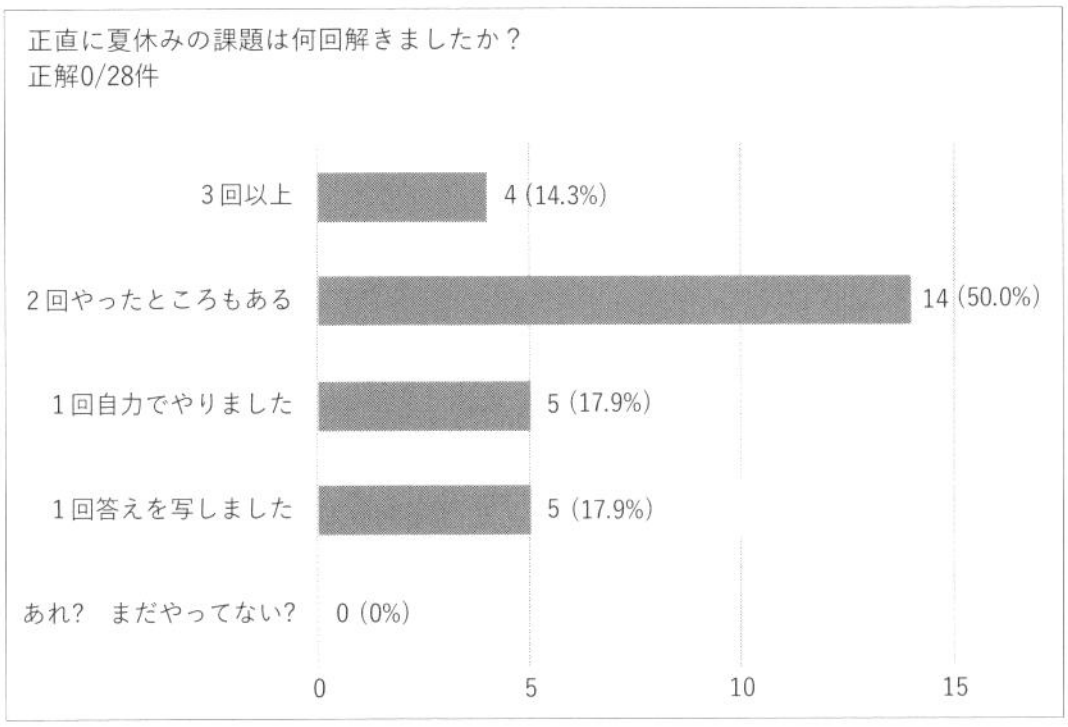

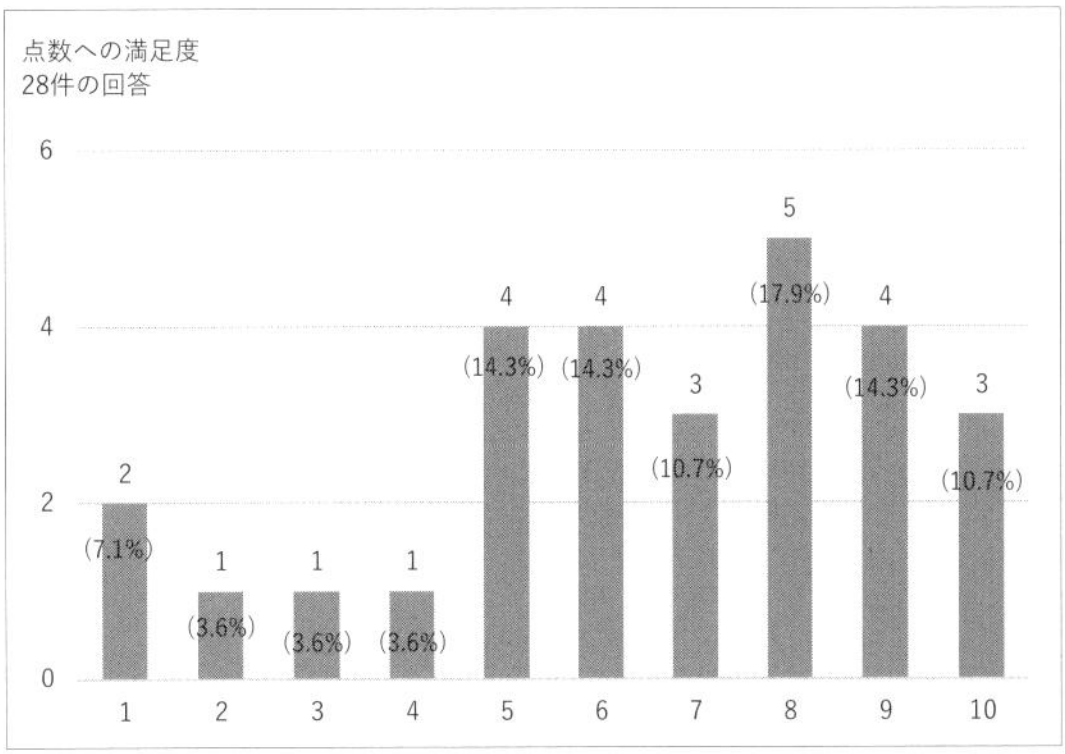

います。

ここで肝心なのは、テストに向けて与えられた課題を自分のペースで取り組んでいた（取り組むよう指示していた）ことです。その取組が結果にどう結び付いたのか（付かなかったのか）を各自に認識させることで、生徒一人ひとりが自分自身に合った改善目標を見出すことができます。さらに今後、どう取り組むべきかを考え、主体的に学習を進めていくことが期待できるといった点で、指導の個別化が計画的に実践された授業だと思います。

そして、取組状況等をクラスで共有した点についてです。取組状況等に対する振り返りをクラス全体で協働して行うことで、自分と周囲との取組状況を比較して客観的に反省することができ、自身の改善目標を具体的にイメージすることができていたのではないかと思います。生徒が1人で振り返るよりも、周囲と対話しながら振り返ったことで、反省がずっと深まったように感じます。

実際、生徒の得点への満足度をみると、現状に満足していない様子が伺え、生徒一人ひとりが学習意欲を高め、学習に対する取組方を見直すよい刺激となったに違いありません。ややもすると答え合わせで終わってしまいそうなテスト返却の場面ですが、ＩＣＴを活用しながら、本校がめざす「一人ひとりにとって最適で協働した学び」を実現させた実践だと思います。

さらには、生徒の自己評価を今後の学習への取組の改善に上手につなげている点で、端末（クラウド）が「指導と評価の一体化」に効果的に活用された一例という見方もできると思います。まさに、生徒一人ひとりが端末をもっているからこそできた授業です。

（3）路線バスにもフリーWi-Fiを

本校では1人1台端末を活用した授業が比較的、円滑に実施でき、その内容も日に日に進化してきているように思います。

オンライン学習については、感染症による出席停止だけではなく、病気や心の悩みなどの理由から教室で授業を受けられない生徒に対しても、保健室や自宅でリアルタイムにオンラインの授業に参加できるようになりました。しかし、２０２２年度、町内全域に光回線の整備が完了したばかりで、Wi-Fi環境のない家庭や通信が不安定な家庭もまだまだ多く、オンライン学習を開始するに当たっては、保護者から不安の声も聞かれました。今後はこうした声に耳を傾け、運営協議会の力を借りながら、地域の通信環境の改善に向け、学校として「できることから始めたい」と考えています。

なかでも、遠くから長時間かけてバスで通う生徒も多いことから、路線バスへのフリーWi-Fi設置が急務と考えています。その働きかけを行うために、まずは端末（クラウド）の家庭学習への利用について、取組を進めることが大切だと考えています。

第5章

遠隔授業におけるＩＣＴの可能性

前北海道有朋高等学校長／前北海道高等学校遠隔授業配信センター長
元紺谷　尊広

ＩＣＴの教育利用は日々の授業をはじめとする、教育活動の場面に留まらない。特に少子化が著しく進み、学校の再編統合も進む中では、遠隔授業の実現に当たって大きな力を発揮する。本章では北海道の遠隔システム、そして受信校の取組を紹介する。

北海道教育委員会（以下、道教委）は、２０２１年（令和３年）４月に北海道有朋高等学校内に北海道高等学校遠隔授業配信センター（愛称「Ｔ－ｂａｓｅ〔注〕以下Ｔ－ｂａｓｅ）を開設した。Ｔ－ｂａｓｅは、教員数の制約等によって、生徒の興味・関心や、大学進学などの進路希望に対応した教科・科目を開設することが困難な小規模校の抱える課題を克服するため、遠隔システムを使って授業を集中的に配信できる施設である。Ｔ－ｂａｓｅには遠隔授業を専門に行う教員が置かれており、授業以外に長期休業中の講習の配信や進学指導のサポートもする。子どもたちが、どの地域にいても自らの可能性を最大限伸ばしていくことのできる、多様で質の高い教育を提供することを目指している。遠隔授業の取組自体は全国に事例はあるが、授業を配信する拠点を集中化し、しかも専門の教員が授業を行う事例は高等学校においては全国では今（２０２２年度）のところ2例しかない（20年度に高知県が開始）。

ここでは、北海道の高校の遠隔授業の歴史、Ｔ－ｂａｓｅ開設の経緯、さらにはＧＩＧＡスクール構想の実現によってＩＣＴ教育の充実を背景として進化する遠隔授業の取組、今後の展望についてまとめる。

〔注〕Ｔ－ｂａｓｅの由来～Tele Teaching（遠隔授業を）、Tied Triangle（配信センター、受信校、道教委の三者がしっかりと結びついて）、Tondenbase（センターのある屯田［地名］から配信する）の頭文字をとって名付けられた。

1. 北海道の遠隔授業の歴史

道教委が初めて「遠隔授業」という文言を施策として明記したのは、２００６（平成18）年8月に策定された「新たな高校教育に関する指針」においてである。この指針には、北海道の未来を担う人材を育むための高校教育の基本的な考え方と施策が示されている。この指針の中で、少子化が進む中で、再編整備を進める上で地理的状況等から再編が困難であり、かつ地元からの進学率が高い高校を「地域キャンパス校」に指定するとともに、同一通学区域内の規模の大きい高校を「センター校」に指定し、地域キャンパス校がセンター校から遠隔授業や出張授業等のサポートを受けられる施策が打ち出された。

実際の取組は、準備期間を経て２００８年4月から始まった（導入校は表1の通り）。「地域キャンパス校」には北海道の単独による財政負担で（以下、道単）で2人を加配し教員配置数12人とし、「センター校」には道単で1人を加配し、教育環境の維持充実を図った。これは道独自の制度である。（２０１８年度から「地域キャンパス校」は「地域連携特例

2008年度導入校		
通学区域	地域キャンパス校	センター校
渡　島	福島商業高校	函館商業高校
後　志	蘭越高校	倶知安高校
上川北	下川商業高校	士別翔雲高校
	美深高校	名寄高校
留　萌	苫前商業高校	留萌高校
胆振東	厚真高校	苫小牧東高校
日　高	平取高校	静内高校

表１

校」に、「センター校」は「地域連携協力校」にそれぞれ名称が変更になっている。）

「センター校」からのサポートは主に出張授業で、遠隔授業はその補完的役割を担うものであった。実際に遠隔授業を担当した教員によると開始当初は遠隔機器の事前準備や後片付けにかなりの時間がかかり、授業中も機器の不具合や回線の脆弱性により何度も授業が中断してしまうことがあったという。2012年度にSONYのテレビ会議システム「IPELA（イペラ）」という機器が導入されてからは準備時間も短くなり、授業中のトラブルも激減し、遠隔授業がスムーズに行えるようになったという。

道教委では文部科学省の委託を受け2013年度から4年間（1期目）、研究開発学校指定事業に取り組んだ。小規模校での学習選択の幅を拡げて、教育課程の充実を図ることが目的である。2013年度は、研究開発学校として礼文、常呂、阿寒、平取、南茅部の5校を、研究協力校として有朋、稚内、岩内、紋別、倶知安、釧路湖陵、函館中部の7校を指定し、研究協力校から研究開発学校に対して遠隔授業を配信することを通して単位認定に係る研究開発に取り組んだ。

具体的には、研究する科目の年間総授業時数の半分以上を遠隔授業で実施し、遠隔システムを活用した習熟度別授業やティーム・ティーチングなどの指導方法について数多くの実践事例を蓄積した。その成果を受けた形で文部科学省は2015年4月から、全日制・定時制課程における遠隔授業［教科・科目充実型］を正規の授業として制度化し、高等学校が、対面により行う授業と同等の教育効果を有すると認めるとき、受信側に当該教科の免許状を持った教員がいなくても、同時双方向型の遠隔授業を行うことができることとした。高等学校の全課程修了要件である74単位のうち36単位までを上限として、実施することを可能とした。ただし、それぞれの授業に、教科・科目等の特性に応じて相当の時間数の対面により行う授業（例えば「国語総合」（4単位）の場合は4時間、「数学Ⅰ」（3単位）の場合は3時間、「コミュニケーション英語Ⅰ」（3単位）の場合は12時間等）を実施するものとなっている。

さらに、２０１７年度から5年間（2期目）、第1期の研究開発の成果をもとに遠隔授業の対面により行う授業時数を緩和した単位認定の在り方、並びに指導方法についての研究開発に取り組んだ。コロナ禍により、当初4年であった研究指定期間が1年延長となった状況を踏まえ、最終年度には1人1台端末とクラウドを活用した指導方法の工夫改善にも取り組んだ。

２０２１年2月に、文部科学省ではこれまでの取組状況を踏まえ、高等学校段階における遠隔教育の一層の推進を図る観点から、高等学校等におけるメディアを利用して行う授業の実施に係る留意事項の改正を行うこととし、単位数算定の弾力化や対面授業の必要時間数の見直しが図られた。具体的には、遠隔授業を活用して修得する単位のうち、主として対面により実施するものは、36単位までとされる単位数の算定に含める必要はないこととした。これにより卒業までのすべての授業の中で、その一部に遠隔授業を取り入れることが可能となった。また、対面授業の時間数は、年間2単位時間以上を確保しつつ、各教科・科目等の特質を考慮して各学校で柔軟に設定することを可能とした。1単位科目は年間1単位時間以上でも可とした。

2.「北海道高等学校遠隔授業配信センター」開設へ

(1) 遠隔授業の拠点の設置

北海道は全国平均を上回るペースで少子化が進んでいる。グラフは2021年度の道立高校(全日制課程)の第1学年の学級数別学校数を示している。全体の半数以上が小規模校(1学年の学級数が1~3)であることが分かる。小規模校では生徒が同世代の多くの考え方に触れる機会や生徒同士が切磋琢磨する機会が少ない。また、教員数の制約等により、生徒の興味・関心や、大学進学などの進路希望に対応した教科・科目を開設することが難しい。こうしたことから、大学進学を目指す地元の中学生が住み慣れた地域を離れ、都市部の高校に進学せざるを得ないといった問題も抱えていた。

このような状況の中、道教委では、これまで行ってきた遠隔授業の実践研究の成果を踏まえ、遠隔授業の配信拠点を集中化するとともに遠隔授業を専任で行う教員を配置する施策を打ち出した。その拠点となる「北海道高等学校遠隔授業配信センター」（当時、仮称）を北海道有朋高等学校内に開設することとし、２０２１年４月の開始を目指し、その１年前から本格的な準備が進められた。

これまでも有朋高校は研究開発協力校として遠隔授業の配信を行っていたので、２０１９年度の時点で通信制課程に所属し、通信教育の仕事もしながら遠隔授業を担当していた教員が５名（数学、英語、公民、書道、情報）配置されていた。開設１年前の２０２０年度には、教頭１名と国語、地理歴史、理科、数学、英語、音楽の教員がそれぞれ１名加わり、有朋高校の校長をリーダーとし、事務職員１名も加わった総勢14名体制で道教委の担当部署の教育環境支援課と連携を密にとりながら、２０２１年４月のスタートに向けて遠隔授業の集中化に向けた準備が急ピッチで進められた。

また、配信拠点となる有朋高校の校長、受信校である豊富高校、月形高校、寿都高校、平取

2021年度 道立高校（全日制課程）における第１学年の学級数別学校数

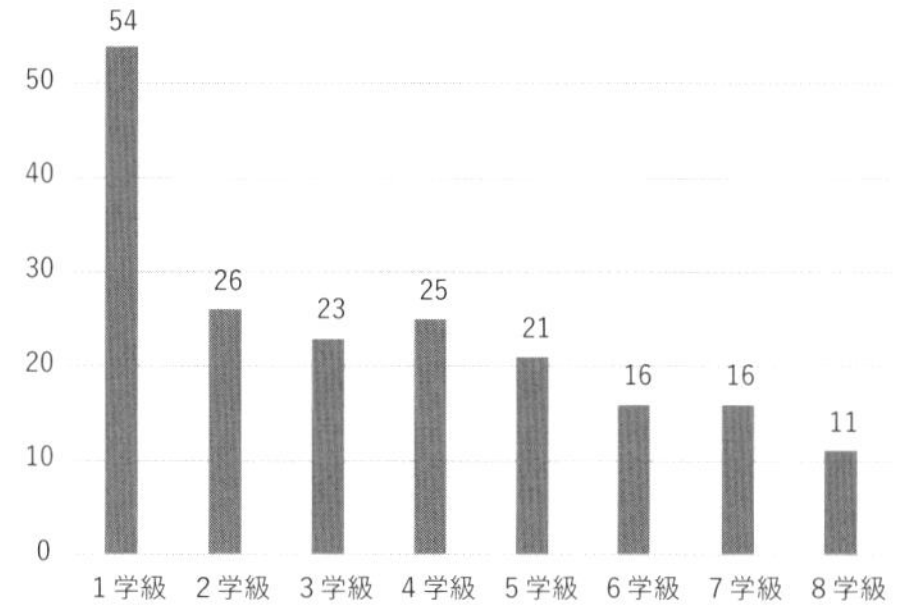

・入学者選抜における募集学級数ではなく、２次募集後の学級数を踏まえた学級数で換算
・第１学年の学級数なので、すでに募集停止となった高等学校は含んでいない。

高校の校長は、２０２０年度の１年間、道教委の教育環境支援課の参与という役職を兼務し、制度設計に学校の抱える課題を反映しやすい体制も整えられた。

（２）センター始動

こうしてセンターが立ち上がった。道教委が掲げた目標は、どの地域においても自らの可能性を最大限伸ばしていくことのできる、多様で質の高い教育を提供するため、遠隔授業の配信機能を集中化した配信拠点を設置し、大学進学等の希望に対応した教科・科目を計画的かつ継続的に配信すること。さらに小規模校が、魅力化に取り組むことで、子どもたちが地元で育ち、地域に愛着と誇りをもってふるさとの発展に貢献していく意欲を育むことである。

さらには、複数の高校へ授業を同時配信することで、他校の生徒とともに学ぶ合同授業が実施でき、大学進学など、同じ目標をもった他校の仲間と切磋琢磨した学びが可能になった。また、受信校では、希望生徒数が少なくても、

令和３年度（2021年度）受信校と配信科目

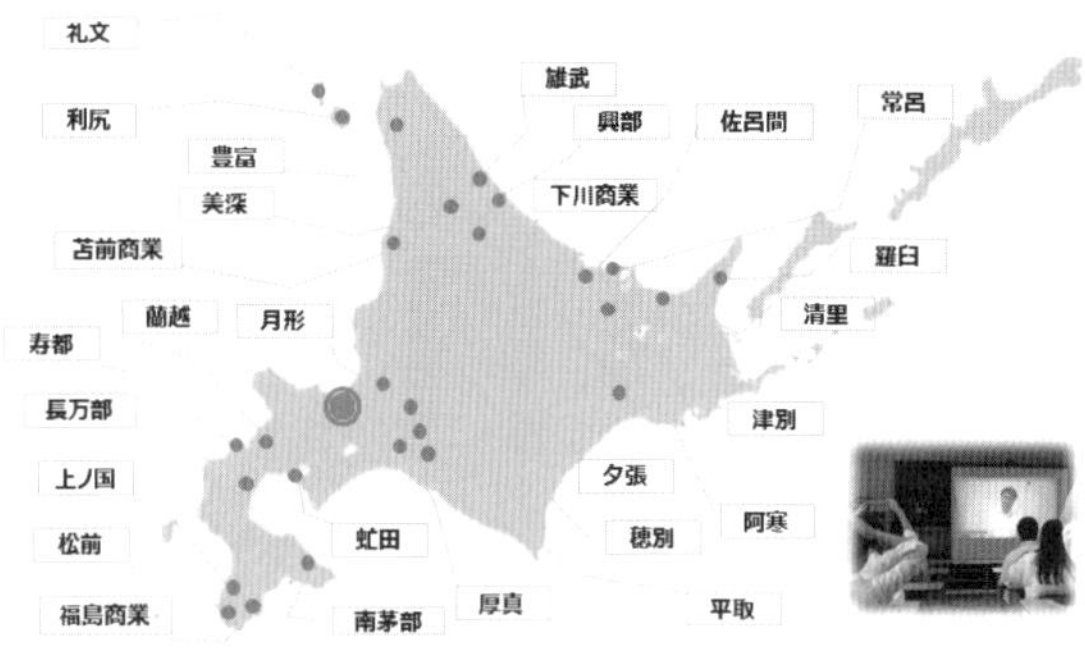

夏季・冬季休業中の進学講習を受講でき、全国の最新情報を踏まえた進路指導の支援も受けられるようになった。

２０２１年度の１年生から年次進行で遠隔授業の配信が開始され、２０２３年度以降は全学年に遠隔授業が配信できるような計画で進められている。また、２０２１、22年度は希望する学校に対して、２、３年生を対象とした遠隔授業の配信もできるようにした。

センタースタート時の２０２１年度の実施体制は、センター長１名（北海道有朋高等学校長が兼務）が置かれ、業務を担当する教員16名が配置された。そのうち１名は次長（教頭）を配置し、配信業務の全体把握、受信校等との渉外業務を担当。教諭15名の内訳は次のとおり。国語１、地理歴史１、公民１、数学４、情報１、理科２、音楽

理科	科学と人間生活
	化学基礎
	物理基礎
	地学基礎
	化学
書道	書道Ⅰ
	書道Ⅱ
英語	英語コミュニケーションⅠ
	コミュニケーション英語Ⅰ
	コミュニケーション英語Ⅱ
	英語表現Ⅰ
	英語表現Ⅱ
情報	情報Ⅰ

国語	古典Ａ
地理歴史	歴史総合
	地理総合
	地理Ａ
	世界史Ｂ
	日本史Ｂ
公民	現代社会
	政治・経済
数学	数学Ⅰ
	数学Ⅱ
	数学Ａ
	数学Ｂ

※学習指導要領の改訂に伴い旧課程・新課程の科目が混在している。

1、書道1、英語3。2021年度の受信校は、地域連携特例校の25校と離島の2校の計27校の道立高校に、翌22年度は地域連携特例校が2校加わり、計29校に配信している。

開設科目の基本的な考え方は、興味・関心や進路等に対応した教科・科目の開設で、国語・数学・英語においては習熟度別授業を基本とし応用力を身に付けさせるクラスの授業を配信、地理歴史、公民、理科においては専門の先生がいない受信校からの希望に対応できる世界史、日本史、政治・経済、倫理、物理、化学等の専門性の高い授業を配信、芸術において音楽や書道の選択を可能するというもの。

実技を多く伴う「保健体育」や「家庭」、「情報」といった教科については、生徒の安全面や対面授業が多く必要となることが予想され遠隔授業のメリットが少ないという理由から、当面の間は配信しないという方針でスタートしている。

3. 実際の遠隔授業

(1) 遠隔会議システムの機能を効果的に活用した事例――「芸術」(書道)

まず紹介するのは「書道」の授業である。前時の授業終了後に、受信側の教員に、生徒の清書作品をタブレット等で撮影した画像データを配信側に電子メール等で送信してもらう（写真1）。配信側の教員は、受信側の教員から送信された画像データを、プレゼンテーションソフトのスライドに貼り付け、提示用資料を作成する。本時の冒頭に、生徒の作品を提示し批評することで、生徒は書の鑑賞の視点や観点を体験的に知ることができ、自己の作品に取り入れようとする意欲を持たせることができる。

配信側の教員が範書を示す場面では、遠隔会議システムの「デュアルストリーム」機能を活用し、「メインカメラ」と「書画カメラ」の両方で映し出すことで、生徒は多角的に範書を捉えることができる。また、生徒は、配信側の教員の手元と同時に表情や姿を把握できることで、配信側の教員の説明が理解しやすくなり、質問や感想を表現しやすくなる。

写真１

メインカメラで教師の表情や姿を捉える
書画カメラの映像を受信校のモニターに表示

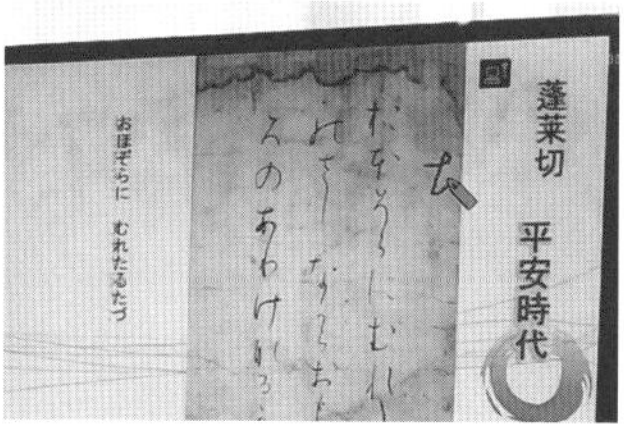

配信側の教員のペンタブレットに描いた線が、スライド上に描かれている様子

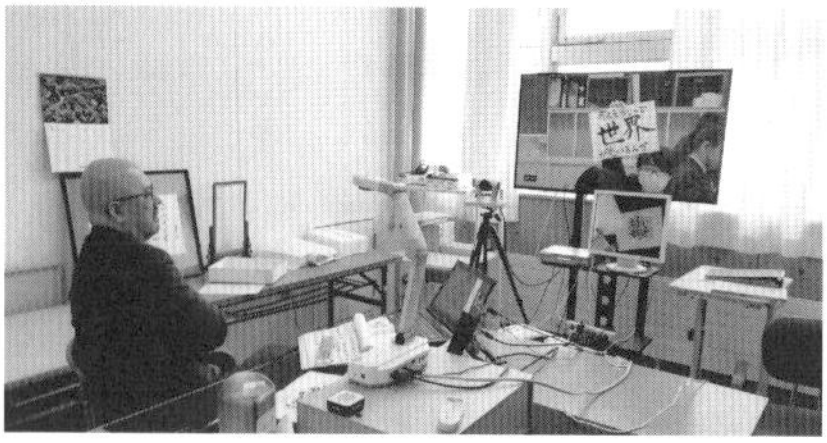

生徒が作品をメインカメラに向けて作品を提示している様子
配信側の教員は、受信側のメインカメラを遠隔操作し位置の調整・ズームが可能となる

受信側の教員がハンディカメラで捉えた映像

書道は生徒がそれぞれの技能などを駆使し、思考と探究を深めながら、作品製作に取り組む。そのため、配信側の教員は、個々の生徒にそれぞれ指導や批評を行う必要があるため、受信側の教員にハンディカメラなどの機器を携えて机間巡視してもらい、個別の生徒の様子を捉えてもらうことができる。配信側の教員が、教材となる書の解説や、生徒が製作した作品を批評する際、言葉で伝えるほか、ペンタブレットを活用したアノテーション機能（画面上描画機能）を用いて視覚的に分かりやすくすることができる。

また、生徒同士で作品の相互批評をさせたり、生徒に作品を発表させたりすることを通し、作品をよりよくしようとする意識を高めるとともに、互いの作品のよさを認め合う雰囲気を育成することができる。生徒は、遠隔授業であることを踏まえ、短い言葉で端的に説明しようと努力する姿がうかがえる。

（２）遠隔授業の課題を克服した事例──「外国語」（英語）

実際に授業をしていて直面する、様々な課題の克服方法について考えてみたい。

①英作文の添削指導の効率化を図る

遠隔授業を進めていくと、ライティングの指導がうまくいかない、遠隔会議システムの映像では読みにくい、口頭で指導するだけでは分かりにくい、受講人数が多いと添削の時間が足りないといった課題に直面する。そこでライティングの指導をどのように効率的・効果的にするかが鍵になる。課題の解決方法としては、受信校側の書画カメラの映像を配信校側でホワイトボード等に投影し、一度に複数名の添削を行う等が考えられる。生徒が積極的に添削を依頼するようになり、教員と生徒が学習過程全体を共有することが期待できる。

また、書画カメラを定点カメラとして使用するため受信校側の教員の負担減にもつながる。さらに添削指導により双方向のコミュニケーションが活発となり、活動的な取組となる。配信側のカメラは固定してピンボケを防ぐ等の配慮も必要。一度に複数名を扱える画角で撮影、投影する。受講者数が少ない場合は、ペンタブレットを使用してアノテーション機能で添削することもできる。

②音声のテキスト化と表示の工夫

生徒が英語の指示を聞き取りきれない、リスニング力の不足、オールイングリッシュに不慣れ、遠隔機器がもつ音声遅延などによる聞きにくさなどの課題に直面する。そのような場合は、配信側の英語の発音をテキスト化することで生徒の安心感が高まる。テキスト化アプリを起動したタブレットの画面を受信校側に提示（共有）する。

音声をテキスト化して字幕のように表示する。その際にテキスト化の精度に影響するので、発音の大きさ、速度、明瞭さに留意する必要がある。生徒が英語による指示をスムーズに理解できるようになる。英語のみでコミュニケーションすることに対して、落ち着いて対応できるようになるといった成果が期待される。

③長文読解資料の能率的な作成

板書等の時間を削減したい、板書の時間は生徒の思考を止めてしまう、教材作成の時間削減ができればといった課題に直面する。このような場合は、あらかじめ長文を電子ファイル化しておき、電子黒板アプリで投影することにより、板書する時間や教材作成の時間を省く。長文の電子ファイルを電子黒板アプリを通して表示させ、その画面をホワイトボード等に投影し、受信校側にカメラ映像として見せる。

その際、カメラアプリのＯＣＲ（光学文字認識）機能を活用すると、一層の省力化を図ることができる。このことにより長文を扱う資料の準備を省力化するこ

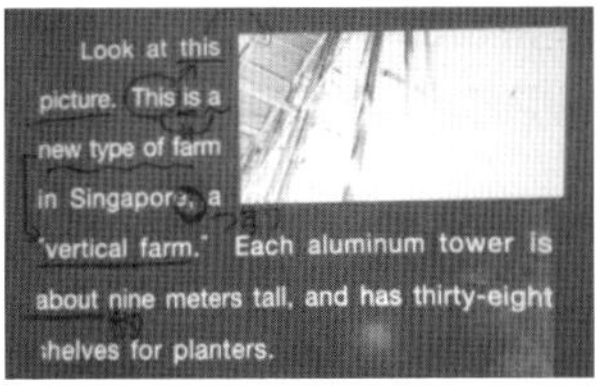

とができる。また教員が解説する際、画像を投影したホワイトボードに書き込みながら説明できるため、生徒の理解を深めることができる。

④アプリを利用した語彙学習

ＩＣＴ機器を活用して語彙を増やしたい、生徒に意欲的に語彙学習に取り組んでもらいたいといった課題に直面する。このような場合はタブレット端末等を活用して、クイズなどを配信し、生徒が楽しみながら意欲的に語彙学習に取り組む。クイズアプリを活用し、語彙学習につながる問題を作成し、タブレット端末等に配信する。その際はパソコンで簡単に問題作成が可能なアプリを使用する。生徒が意欲的に取り組めることに留意し、授業の導入時での活用を図る。このことにより生徒はゲーム感覚で取り組めるため、意欲的に語彙学習に取り組むことができる。

問題作成を簡単に行うことができるようになり、他校への遠隔授業など汎用的に活用できるといった成果が期待できる。

⑤ブラウザを利用した振り返り

生徒による授業の振り返りを迅速にかつ手間をかけずに行いたい、紙での提出だと点検に時間がかかる、集計まで自動化できると、すぐに次の授業に生かせるといった課題に直面する。このような場合は学習の振り返りやテストを授業時間外に生徒のペースで実施できるようにする。クラウドツールを活用したアンケートを作成し、生徒はタブレット端末等で回答する。その際は、生徒が具体的に振り返りできるよう、分かりやすい表現で設問を立てる必要がある。このことにより、授業の満足感や不安感などをリアルタイムで把握できる。紙ベースの回答を電子化する作業を削減できるといった成果が期待できる。

⑥プレゼンテーションソフトを用いた電子黒板はどのように使うか

授業時の時間効率を高めたい、板書する時間を削減し、授業をリズムよく進めたいといった課題に直面する。このような場合は板書する内容をプレゼンテーションソフトで作成しておくことで、電子黒板として活用できる。

事前にプレゼンテーションソフトで作成した教材を提示し、手元のタブレットで書き込みながら指導する。その際は、板書同様、生徒の反応を見ながら書き込む必要がある。表示した資料に手書きで注釈を加えることで、電子黒板のように使うことができる。そのため板書する時間を削減でき、授業がリズミカルになるといった成果が期待できる。

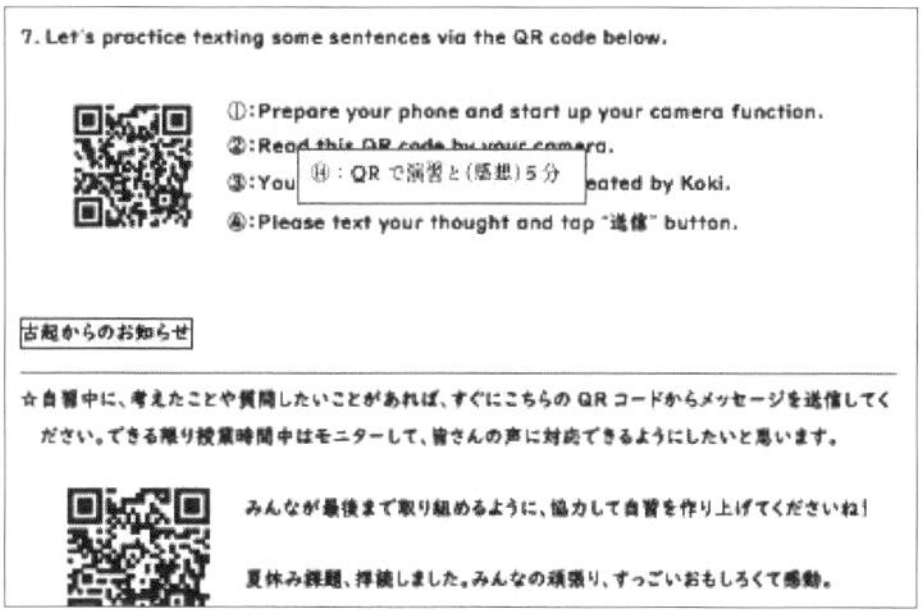
7. Let's practice texting some sentences via the QR code below.
①:Prepare your phone and start up your camera function.
②:Read this QR code by your camera.
③:You … eated by Koki.
⑭：QR で演習と(感想)５分
④:Please text your thought and tap "送信" button.
古越からのお知らせ
☆自習中に、考えたことや質問したいことがあれば、すぐにこちらの QR コードからメッセージを送信してください。できる限り授業時間中はモニターして、皆さんの声に対応できるようにしたいと思います。
みんなが最後まで取り組めるように、協力して自習を作り上げてくださいね！
夏休み課題、拝読しました。みんなの頑張り、すっごいおもしろくて感動。

⑦自習課題の作り方

自習時にも生徒の学習を支援したい、自習であっても、生徒の学習を充実させたいといった課題に直面する。このような場合は自習課題に動画や質問フォームを盛り込むことで、生徒はＩＣＴ機器を活用し、コンテンツにアクセスし学習の充実を図ることができる。自習課題に配置されたＱＲコードを使って、生徒がタブレット端末等で動画にアクセスし学習の理解を深める。自習中に配信担当者に質問する仕組みを構築することも可能である。その際は、通常授業時に機能の使い方を説明したり、実践させたりするなどの取組が必要である。自習であっても、動画コンテンツにアクセスさせるなどして学習を深めさせるといった成果が期待できる。

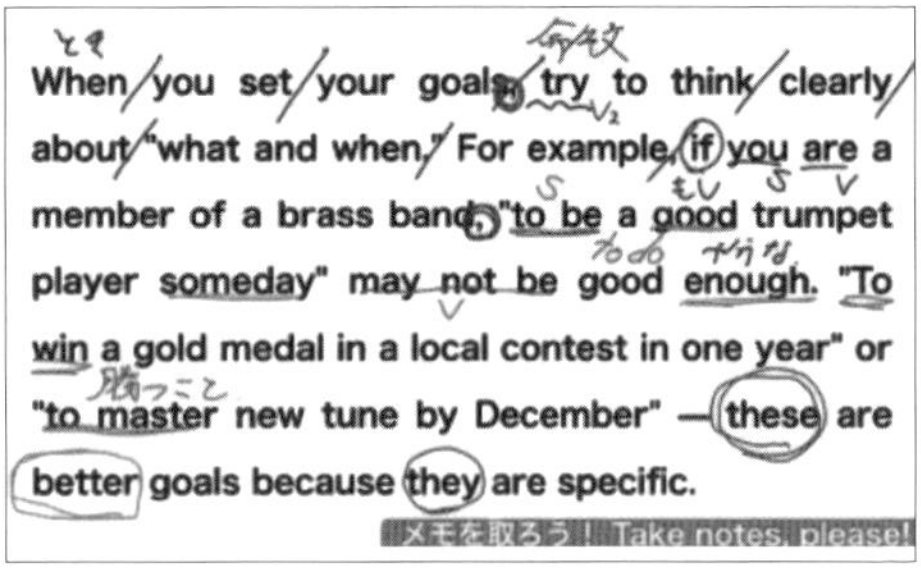
When you set your goals, try to think clearly about "what and when." For example, if you are a member of a brass band, "to be a good trumpet player someday" may not be good enough. "To win a gold medal in a local contest in one year" or "to master new tune by December" — these are better goals because they are specific.
メモを取ろう！ Take notes, please!

4．遠隔授業で生徒の「個別最適な学び」「協働的な学び」の実現に向けて

北海道には、広域分散型の地理的特性から、他校への通学が困難な小規模高校が存する地域

が多数あり、そうした地域の中学校卒業者が通学区域内の高校へ進学する割合は、他の地域の中学校卒業者のそれと比べて低い。また、小規模高校では、大学進学等の進路希望に対応した教科・科目の開設が困難な状況があり、大学進学を目指す郡部の中学校卒業者の多くが住み慣れた地域を離れ、都市部の高校へ進学している。

これまで、小規模高校を支援するため、近隣の大規模な高校からの出張授業や遠隔授業を実施してきたが、「開設できる科目数が限られる」「大規模な高校の事情により、必ずしも小規模高校のニーズにあった科目が開設できない」といった課題が指摘されてきた。さらには、少子化がさらに進む中、地域連携特例校（受信校）の増加が予想され、受信校の増加に伴う配信時数の増加への対応や受信校の授業開始時間を考慮した時間割の調整、受信校側では、遠隔授業に立ち会う教諭等の負担が増加することへの対応が難しくなる。

また、配信センターに配置する教諭の確保や実技を伴う教科・科目の実施への対応、対面授業の実施に係る必要経費の確保、遠隔システム機器の変更などの課題もある。受信校においては、遠隔授業配信センターからの遠隔授業を効果的に活用するとともに、学校と地域の関係者などで組織されるコンソーシアム等と連携した課題解決などの探究的な学習などを通して、各学校における多様な教科・科目の充実を図り、全道のどの地域においても、多様で質の高い高校教育を実施し、生徒の地域への理解を深め、ふるさとに誇りと愛着を持って、地域の発展に貢献しようとする人材の育成を図る必要がある。

道教委でも2021年度から文部科学省の委託を受けCOREハイスクール・ネットワーク事業「北海道高等学校遠隔授業ネットワーク構想〜遠隔授業の配信機能集中化と小規模校の魅力化〜」に取り組んでいる。これは、中山間地域や離島等の地域唯一の高等学校においても多様かつ質の高い高等学校教育を実施するため、複数の高等学校の教育課程の共通化やICT機器を最大限に活用した遠隔授業の実施などにより、生徒の進路希望に応じた多様な教科・科目の開設や習熟度別指導を実現するとともに、持続可能な地方創生の核としての高等学校の機能強化を図るための調査研究事業である。まさに個別最適な学びの実現を目指すものと言える。

遠隔授業配信センターからの遠隔授業の実施については、遠隔授業の配信機能を集中化した遠隔授業配信センターを有朋高校内に開設し、全道に点在する小規模高校とネットワークを構築し、大学進学等に対応した教科・科目を配信することで、どの地域においても、多様で質の高い高校教育を提供する取組を進めてきた。今後は、遠隔による合同授業等により、生徒同士が多くの意見に触れるなどの学習機会の提供の充実や遠隔授業担当教員が必要なスキルを身に付けるための教員研修の実施を考えたい。さらには、ネットワークを構築する学校において、遠隔授業を学校評価に位置付けるとともに、働き方改革の観点からも教員以外の職員を受信教室に配置するなどの取組を検討する必要がある。

また、地元自治体等の関係機関と連携・協働する体制の構築については、先進事例を北海道高等学校遠隔授業ネットワークを結ぶ学校へ拡大する必要がある。地域自治体や企業等と連携・協働して、地域の課題解決に向けた探究的な学習に取り組んできた礼文高校、津別高校、羅臼高校の取組を拡大する。さらに、各校において、地元教育委員会等との小規模なコンソーシアムを構築する。またコーディネーターを中心に、地域の関係機関等を取り込み、コンソーシアムを拡大させていく。

遠隔授業配信センターを設置する学校と小規模高校27校が遠隔授業ネットワークを構成する。遠隔授業配信センターを設置する学校は有朋高校とし、小規模高校は、夕張高校、月形高校、蘭越高校、寿都高校、虻田高校、厚真高校、穂別高校、平取高校、福島商業高校、南茅部高校、長万部高校、松前高校、上ノ国高校、下川商業高校、美深高校、苫前商業高校、豊富高校、礼文高校、利尻高校、常呂高校、津別高校、佐呂間高校、清里高校、興部高校、雄武高校、阿寒高校、羅臼高校とする。

遠隔授業配信センターからの遠隔授業を高校の新たな魅力づくりの一つとして位置付け、必要に応じて受信校の拡大を検討をする。地域の中学校の教員や生徒、保護者、地域住民からの理解が深まるよう、遠隔授業配信センターの趣旨や取組内容の周知徹底を図る。遠隔授業ネットワークを結ぶ大学や企業等の有識者からの意見を参考に、取組内容の改善を図る体制を確立する。地域の教育資源を活用した地域課題の解決に向けた探究的な学習を実現させるための手順を整理し、各学校で共有する。

コンソーシアムを構成する地元自治体に、本事業を通して現れた地域の変化や高校と連携することの意義等について自己評価を依頼し、取組を自分事として受け止め、発展をめざして取り組むよう働きかける。ネットワークを構成する学校においては、コンソーシアムと連携し、地元の教育資源を活用した地域課題の解決に向けた探究的な学習を実施したり、遠隔授業により、生徒の多様なニーズに対応した教育活動の展開が一層図られるよう取組の充実を目指したい。

5．受信校での取組

最後に受信校の取組として、北海道清里高等学校での取組を紹介する。

北海道の東部にある知床半島の付け根に位置する清里町は大規模畑作地帯が広がっており、知床国立公園と阿寒摩周国立公園に囲まれた町域は豊かな自然に包まれている。2022年7月末の人口3835人。町内唯一の高校である道立清里高校は、1951年開校し2022年に創立70周年を迎えた歴史と伝統のある学校で、地域から寄せられる期待も大きい。

北海道の地方にある多くの学校は少子化の進展により存続の危機にさらされている。そのような中、道教委は再編整備を進める上で地理的状況等から再編が困難であり、かつ地元からの進学率が高い高校を「地域キャンパス校」に指定し、同一通学区域内の規模の大きい高校を「センター校」に指定し、地域キャンパス校がセンター校から遠隔授業や出張授業等のサポートを受けられる施策を打ち出した。清里高校は２００８年度「地域キャンパス校」に指定され、センター校の網走南ケ丘高校からサポートを受け、教育課程の質の維持・向上に努めてきた。

清里高校では、生徒募集や学校存続に向けて学校の魅力化を図る取組を進めてきた。２０２２年度の生徒数は89人。２０２１年、道教委は学校が考えるミッションも盛り込む形でスクールミッションの再定義をした。清里高校が考えたミッションは、校訓の「自立、実践」を柱とした「グローバルなものの見方・考え方を育み、社会的な自立を目指す」ことと「ローカルの生きた教材から学び、持続可能な社会の担い手となる」ことの２つ。この動きに合わせて学校では相互の人格を尊重し合い、物事を地球規模で考え、地域レベルで活動するグローバルシチズン（地球市民）としての精神と知性を育むことを目指した。そして、チームスローガン「Ａｉｍ ｈｉｇｈ！目標を高く掲げよ！」を掲げ、生徒・教職員が一丸となって3～5年の中期重点プラン「学びのＰＧＲＡＤＥ」を開始させた。

このプランは、それまでも取り組んできた「国際理解」「地域連携」「体験授業」に、新たな取組として「北海道高等学校遠隔授業配信センター（Ｔ-ｂａｓｅ）」と連携した授業（以下、Ｔ-ｂａｓｅコース）を加え4項目からなっている。「国際理解」については、ニュージーランドのモトエカハイスクールとの姉妹校提携を結び、ニュージーランド研修や交換留学など海外との交流を盛んに行ってきた。また、英語科目の充実したカリキュラムを編成するとともに町から2名のＡＬＴが派遣されるなど英語の教育環境の充実が図られている。

さらに、「地域連携」や「体験授業」に関わっては、ユネスコの理念に基づき、地球規模の諸問題に若者が対処できるような新しい教育を目指す学校のネットワーク「ユネスコスクール」に加盟。「知床ネイチャークルーズ」や「知床ウォーク」などの世界遺産知床を知る体験授業を取り入れるとともに、地域と連携したインターンシップ、スポーツフェスティバル、地域施設で行う学校祭、地域ボランティアなど様々な取組が行われている。

Ｔ-ｂａｓｅコースは、札幌にある配信センターから遠隔授業を受信することにより、小規模校の受信校でも習熟度別授業や選択科目の授業を開設することが可能となった。このことにより清里高校では新たに進学クラスを設置し、Ｔ-ｂａｓｅを利用して難関国立大学の受験に対応できる科目を配置している。２０２２年度は、1年生には「数学Ⅰ」「数学A」を、2年次、3年次には「数学Ⅱ」「数学C」「数学Ⅲ」「古典研究」「日本史探究」「物理基礎」「物理」を遠隔授業で対応する。また遠隔授業の受講生徒に対しては、指定の模擬試験を受けさせ客観的なデータをもとに生徒の学力を把握するとともに、長期休業中には遠隔進学講習を受講できるようにした。このことにより、進学を頑張りたいという生徒が地元で3年間学べる可能性が広がっている。地域からも、高校があることによって町に活気が出ると期待されている。小さい町でこそ高校を存続させ、若い力を町に還元できればと考える。

こうした取組が認められ、中央教育審議会教育振興基本計画部会第5回（２０２２年8月開催）では、同校2年生の生徒が学校をプレゼンする機会を得た。以下、プレゼンの様子を紹介する（以下、議事録より抜粋、一部修正）。

これから発表を始めます。私は、北海道清里高等学校の2学年です。私が清里高校への進学を決めた理由は、地元から列車で往復3時間かかる町外の学校に通うより、家から徒歩5分ほどの地元の高校で、自分のペースで勉強したいと思ったからです。

私が通っている北海道清里高等学校とは、北海道のオホーツク管内にある人口３８００人ほどの自然豊かな町、清里町にある唯一の道立高校です。全校生徒数は89人の小規模校で、各学年1クラスあります。地図にあるとおり清里町から札幌までだと車で6時間ほどかかる場所にあります。

清里高校は、主に国際理解、地域連携、遠隔授業「Ｔ-ｂａｓｅ」を中心とした教育を行っています。

国際理解は、清里町からＡＬＴの先生が2名派遣されて、英語教育に力を入れています。姉妹校であるモトエカハイスクール、ニュージーランドにある高校との交流も盛んです。

地域連携は、地域施設での学校祭や授業で学校行事を企画するといったことをやっています。

遠隔授業「Ｔ-ｂａｓｅ」とは、２０２１年度から開始した札幌の配信センターの先生と双方向で対話をして授業するというものです。課題提出は、主にタブレットＰＣを利用しています。

次に、遠隔授業「Ｔ-ｂａｓｅ」についてです。私は2年生で、今受けている授業は「数学Ⅱ」と「世界史Ｂ」と「物理基礎」となっています。

「数学Ⅱ」の授業についてです。テストは単元テストとなっていて、教科書の例題や練習問題だけでなく、章末問題や模擬試験で出題された問題の解説を行っています。

「世界史Ｂ」の授業についてです。「世界史Ｂ」は、テストは教科書、資料集等持込みで、記述式のテストとなっています。用語をただ覚えるのではなく、今、日本や世界で起きていることを歴史の勉強を通して深く理解できる楽しい授業となっています。

「物理基礎」は、テストは単元テストで、物理法則から日常生活で見られる物理現象を自ら考察し、考える授業となっています。

遠隔授業を受けての感想です。自分が履修したい教科を履修できるようになったということです。今までは教員数が少なく、大学受験に必要な科目の履修は困難でした。また、大学受験を意識した授業を受けられるようになったということです。大学受験を希望する人、そうでない人で分けることで、それぞれのニーズに合った授業を受けられるようになってきていると思います。

遠隔授業に対しての要望です。まず一つ目は、授業内での演習量を増やし、より本質に迫った授業を受けたいです。二つ目は、自分に合った課題ができ、より自由度が高いシステムにしてほしいです。三つ目は、模擬試験前後の支援をより充実させてほしいです。

自分の願いです。まず一つ目は、困っている人や弱い立場の人を見捨てない社会づくりをするということです。社会的、経済的格差がこれ以上大きくならないようにすることで、よりよい社会ができていくと思います。

二つ目は、個性を尊重し、相互理解を深められる学校になってほしいです。社会に出たときにコミュニケーションにおいて困らないような教育活動をしてほしいです。

三つ目は、教育の自由化です。それぞれのニーズに合わせた授業、互いに教え合い解決していくという力を身に付けていけるようにしてほしいです。

次に、自分の将来の夢です。私は、今、宇宙物理学者になるという夢があります。その理由は、中学3年生のときに学校で勉強することが将来、直接役に立つような職業に就きたいと思ったからです。

また、宇宙の謎を、物理法則を用いて数式で表すというところに魅力を感じています。スライドに載っている写真は、私の好きな偉人であるアルベルト・アインシュタインです。

最後に、進学校に行かずに自分の夢に向かって進めるか不安はありましたが、地元だからできないのではなく、地元だからこそできるというところを強く思って頑張っていこうと思います。

こうした堂々とした発表を行う生徒が出てくる清里高校。まさに地元だからこその強みが生かされていると言えるだろう。厳しい状況は続くが、引き続き取組に注目されたい。

第6章

小・中学校の学びを高校につなげる

北海道教育大学特任教授
赤間　幸人

一足早くＩＣＴ化が進み、「個別最適な学び」「協働的な学び」の実現を目指す小・中学校での取組を紹介する。小中学校で当たり前にＩＣＴを活用してきた子どもたちを、高校教育でさらに伸ばしていくか。高校側の課題が見えてきている。

1.「個別最適な学び」と「協働的な学び」の学習指導要領への位置付けとICT活用

文部科学省は、2021（令和3）年3月に、「学習指導要領の趣旨の実現に向けた個別最適な学びと協働的な学びの一体的な充実に関する参考資料」（以下、「令和3年参考資料」）を作成しました。これは、実質的に、「個別最適な学び」と「協働的な学び」を学習指導要領の総則に位置付けたものと言えます。

これに先立ち、中央教育審議会は、同年1月25日に初等中等教育分科会教育課程部会による「教育課程部会における審議のまとめ」を、同年1月26日に中央教育審議会答申『令和の日本型学校教育』の構築を目指して～全ての子供たちの可能性を引き出す、個別最適な学びと、協働的な学びの実現～（答申）」（以下、「令和3年答申」）を取りまとめました。

これらのまとめと答申を踏まえて、同年3月に、文科省は令和3年参考資料を作成しました。作成の趣旨を、「学習指導要領と令和3年答申や教育課程部会における審議のまとめとの関係を整理し、学習指導要領に基づいた児童生徒の資質・能力の育成に向けて、ICT環境を最大限活用し、これまで以上に『個別最適な学び』と『協働的な学び』を一体的に充実し、主体的・対話的で深い学びの実現に向けた授業改善につなげるとともに、カリキュラム・マネジメントの取組を一層進めるに当たり、留意することが重要と考えられる内容を学習指導要領の総則の構成に沿ってまとめました。」と示しています。

また、ＩＣＴの活用について、令和3年答申では「遠隔・オンライン教育を含むＩＣＴを活用した学びの在り方について」の1章を割いており、令和3年参考資料には全体を通じて、ＩＣＴの活用に関する記述があります。主な内容は、次のとおりですが、個別最適な学びと協働的な学びの充実に向け、ＩＣＴの新たな可能性を指導に生かすことが求められています。

- ＩＣＴを最大限に活用しながら、「個別最適な学び」と「協働的な学び」の一体的な充実を図ること
- ＩＣＴを日常的に活用して、「主体的・対話的で深い学び」の実現に向けた授業改善につなげること
- ＧＩＧＡスクール構想により配備される1人1台端末からクラウドにアクセスし、クラウド上のデータ等を活用することを前提としていること
- 児童生徒自身がＩＣＴを受け身で捉えるのではなく、「文房具」として自由な発想で活用するよう環境を整え、授業をデザインすること
- ＩＣＴの利用により、空間的・時間的制約を緩和し、遠隔地や他の学校・地域や海外との交流対面指導等、目的に応じた遠隔授業等を取り入れた授業づくり

・ICTの活用により、学習履歴（スタディ・ログ）や生徒指導上のデータ、健康診断情報等を蓄積・分析・利活用すること
・災害や感染症等の発生による学校の臨時休業等の緊急時において教育活動を継続すること
・ICTで校務を効率化することによる学校の働き方改革を実現すること

2. GIGAスクール構想による1人1台端末整備

GIGAスクール構想により、2020年度中に、全国のほぼ全ての小中学校に、1人1台端末が整備され、劇的に教室のICT化が進んでいます。

2020年度には、新型コロナウイルス感染症の感染拡大による学校の臨時休業の中、全国の教育委員会が、「学びを止めない」ための学校と家庭を結ぶオンライン授業の実施を進めました。その一方で、本来のGIGAスクール構想に基づく、教室内での端末の活用はかえって進まないという状況も生じました。

2020年度後半から、学校の再開とともに、教室で端末を活用した実践が全国の小中学校で広がり、各地の教育委員会も、ICT環境を整備するとともに、端末を活用した実践に関する情報提供や各種研修事業を進めるようになりました。

ＩＣＴ活用に先進的に取り組んできた小中学校の実践は、今後の高等学校での実践において参考になると考え、本稿では、小中学校の先進例を紹介することとします。それに先立ち、本来のＧＩＧＡスクール構想が目指していることを確認するために、同構想に至る経緯を振り返っておきます。

ＧＩＧＡスクール構想に至る10年以上前から、学校のＩＣＴ環境整備が計画されており、第２期教育振興基本計画（２０１３年６月14日閣議決定）において、超高速インターネット接続率や無線ＬＡＮ整備率１００％など、協働型・双方向型の授業革新に向けたＩＣＴ環境の整備が基本施策として示され、地方財政措置が講じられました。さらに、第３期教育振興基本計画（２０１８年６月15日閣議決定）においては、「必要なときに、児童生徒１人１台の学習者用コンピューター環境で授業が行えるようにするために必要なＩＣＴ環境整備」を目指し、地方財政措置も講じられましたが、目標達成には至りませんでした。

この状況を打破するため、教育再生実行会議第11次提言（２０１９年５月17日）では、地方財政措置は、使途の制限や条件付けのない一般財源として、地方公共団体の裁量に委ねられているため、「地方公共団体の間で、学校のＩＣＴ環境整備に大きな差が生じているのが現状である。こうした状況を打破するためには、自治体で確実に整備が進むよう有効な手立てを講ずることが必要である」、「これからの学びにとって、ＩＣＴは『マストアイテム（＝必需のもの）』

と提言されました。

文科省は、「新時代の学びを支える先端技術活用推進方策（最終まとめ）」（２０１９年6月25日）で、「もはや学校のＩＣＴ環境は、その導入が学習に効果的であるかどうかを議論する段階ではなく、鉛筆やノート等の文房具と同様に教育現場において不可欠なものとなっていることを強く認識する必要がある」とし、「世界最先端のＩＣＴ環境に向かうためのロードマップを今年度中に策定する」と示し、同年６月28日には、「学校教育の情報化の推進に関する法律」が公布、施行されました。

そして、同年12月19日のＧＩＧＡスクール構想の公表に至り、全国の教育委員会、学校は２０１９年度末から、クラウド活用を基本とする１人１台端末環境の整備に向けて、対応に奔走することになりました。

当初の構想では、２０２３年度までに、全国一律のＩＣＴ環境整備を目指して、小・中・特別支援・高等学校等における校内ＬＡＮ、小・中・特別支援学校等の児童生徒が使用するＰＣ端末などを整備することとし、２０１９年度補正予算には、地方財政措置ではなく、使途が限定される国庫補助として2、３１８億円が計上されました。

その直後に、新型コロナウイルス感染症の急激な感染拡大への対応として、災害や感染症の発生等による学校の臨時休業等の緊急時においても、ＩＣＴの活用により全ての子どもたちの学びを保障できる環境を早急に実現することを目指して、新たに、緊急時における家庭でのオンライン学習環境の整備を、GIGAスクール構想に位置付けました。同時に、4年計画の端末整備を1年で実現させることとし、2020年度に2度にわたる補正予算により、小・中・特別支援・高等学校等における校内LANの整備、小・中・特別支援学校等における1人1台端末の配備が急速に進められ、各教育委員会、学校は、十分な活用検討ができないまま、導入が急がれてきました。

このような中、文科省や国立教育政策研究所の指定事業などを活用して、先進的にICT活用に取り組み、いち早くGIGAスクール構想による1人1台端末を活用した授業づくりを推進してきた小中学校の実践例を紹介します。

3．小・中学校でのICT活用の実践

(1) 小学校の実践

小学校においては、担任教師がほぼ全ての教科を担当し、学校全体として児童の成長を支える活動の場面が多いことから、ICTを取り入れる際にも、学校全体の組織的取組やカリキュ

ラム・マネジメントからの視点が重視されている例が多く、さらに、児童の協働的な学びを取り入れる授業実践も多く見られます。主に、次のような特徴が挙げられます。

- ・学校全体で取り組む具体的なICTの活用を明確にし、活用方法の全教職員へ周知を図っている
- ・児童がICTを積極的に活用できる状況をつくっている
- ・ICTの活用が個別最適な学びを支えている
- ・児童間の共有ファイルなどを活用して協働的な学びを深めている
- ・ICT活用に関する校内研修を計画的に実施している
- ・ICT活用を校務の効率化に生かしている

①函館市における小学校の実践

函館市立あさひ小学校（以下、「あさひ小」）は、早くからICT活用の実践に組織的に取り組み、同市の2021年度からの1人1台端末整備に先立ち、2020年度からChromebookを整備して、市内のモデル校的な役割を担っています。

2021～22年度には、文科省の「学びの保障・充実のための学習者用デジタル教科書実証事業」の参加校として、1～6年生の算数のデジタル教科書のよりよい在り方の検討などに取

り組みました。

また、北海道教育委員会の「授業改善推進チーム活用事業（ＩＣＴ）配置校」（２０２１～22年度）、「ＩＣＴを活用した学びのＤＸ事業推進校」（21年度）として、ＩＣＴを活用した授業改善に取り組みました。さらに、函館市教育委員会の「１人１台端末の効果的な活用に向けた実践事業」のモニター校として、活用事例の集積に取り組みました。

コロナ禍においては、１人１台端末活用に対する危惧を乗り越えるために、あさひ小として、それまでの実践を踏まえて、１人１台端末の活用の効果を確認して、その実現に向けて取り組むこととしました。

◆1人1台端末活用による危惧◆
□コミュニケーション力の低下　□書くことへの抵抗
□視力の低下　□主体性の欠落
□教員の資質能力・スキルが追いつかない

◆あさひ小学校が考えた1人1台端末の効果◆
「伝えたい思い・つながりたい思いが高まる、1人1台端末の効果」
□自分の考えを見いだせる子　□自信を持って発表できる子
□個別最適な学び・協働的な学び　□主体的・対話的で深い学び
□教員の研修による学び合いの風土の醸成

（i）Chromebook の活用

◇朝の活動——各自、毎日持ち帰りしている Chromebook を取り出し着席

つながりたい思い

伝えたい思い

・健康観察…Google Forms（以下、「Forms」）に就寝時刻、起床時刻、朝食、体調、体温等を入力→教室前方の電子黒板に集計表示
・朝学習…前日の復習、タイピング練習、視写、ＡＩドリル（デジタルドリル）、学びの振り返り、読書など

◇国語の授業
・Google ドキュメント（以下、「ドキュメント」）で、考えた物語を執筆、読書の感想を共同編集して交流、物語文の表現技法のまとめ
・Google スプレッドシート（以下、「スプレッドシート」）の表を共同編集し、意見を書き込んで交流
・Jamboard で個々が作成した発表用資料への感想や意見を入力し交流

◇社会の授業
①自力解決段階で、教科書の写真を拡大して観察し、複数の写真の共通点や相違点を比較
②教科書の本文、画像、表、グラフ等を基に、分かったことや考えたことを共有のドキュメントの一覧表に記入する
③全体解決段階で、一覧表の個々の意見をＡＩテキストマイニングで解析し、キーワードを確認しながら交流する

◇算数の授業

・デジタル教科書を使い、自力解決段階で、式や答え、自分の考えを入力し、スクリーンショットを投稿して全体解決段階で発表し交流

・自力解決段階で、Jamboard に自分の考えを入力して発表する

・函館市の授業改善推進チームが運営するポータルサイトにあるデジタル教材を、練習、復習、自主学習、朝学習に活用

◇理科の授業

・カメラ機能で観察した動植物を撮影し、カードやノートにまとめる

・教科書の説明等では分かりにくい内容を、三次元CGソフトで確認

◇外国語の授業

・グループで調べたことや考えたことを、スライドでプレゼン資料を作成して外国語で発表

・知りたい英単語を翻訳アプリで調べ、イヤフォンで聴く

・まとめや振り返りの段階…Forms で本時の学びを振り返り、さらに、児童の振り返りをAIテキストマイニングで解析したキーワードを交流し、次時の意欲につなげる

◇音楽の授業

・楽譜作成ソフトで、リンクさせた楽譜と音源を提示して、リズムを確認する

・Chrome Music Lab（ウェブサイト）で、作曲した音楽を演奏し、鑑賞し合う
・Scratch を使い、音符や休符をプログラミングにより配置し作曲する
◇図工の授業
・描画キャンバスで、デジタルの絵を描く
・作成した平面作品や立体作品を、見たい角度からカメラ機能で撮影して投稿し、鑑賞してコメントを貼り付け合う
◇体育の授業
・器械運動をカメラ機能で撮影し合い、動きを確認し改善に役立てる
◆各教科共通
・導入段階…Forms で、前時に学んだ用語や公式などを振り返る
・まとめや振り返りの段階…Forms で、学んだ用語や公式、技能などを振り返る

(ii) 校内組織の整備や研修計画の作成

・全教科で研修できるよう、教育課程推進部にＩＣＴ推進担当者を配置
・ＩＣＴの研修を位置付けた校内の研修推進計画を策定

(iii) Chromebook の活用の推進に向けた校内研修での主な研修内容

・デジタル教科書の操作方法

・Google Classroom（以下、「Classroom」）、Google Meet（以下、「Meet」）活用方法
・Formsによる健康観察への活用方法
・Jamboard、AIテキストマイニングの使用方法・活用方法
・1人1台端末で効果が見られた学習内容の紹介

(ⅳ) ICT活用を推進するための校内外への情報発信

あさひ小では、ホームページで、校内外に教育活動の様子を発信しています。校長も、校外向け情報を発信したり、リーダーシップを発揮して、教員とともに、ICTを活用した授業づくりに取り組んでいます。

また、函館市教委は、道教委事業を活用して、あさひ小と北昭和小の2名の教員で、授業改善推進チーム（ICT）を作り、ICTを活用した授業づくりを推進しています。チームは、市内の教員向けのポータルサイトを運営し、ICTの使い方や活用例、教材、各種リンク等を紹介したり、掲示板で教員同士の情報交換を行うなど、様々な情報を発信しています。

②札幌市の小学校の実践

札幌市教育委員会では、2021年4月から、小・中学校及び特別支援学校に1人1台端末を導入することとし、先行実践として、2021年11月から、小・中・高等学校各1校をモデル校とし、Chromebookを整備し活用する実践に取り組みました。

本稿で紹介する札幌市立中央小学校（以下、「中央小」）では、２０２０年度に、札幌市教委のモデル校として、「タブレット活用のガイドライン」や「活用事例集」の作成、「教職員向けの説明会」の実施に取り組むとともに、端末を実際に使用しながら、ＩＣＴの効果的な活用方法を検証することを目指して、日常生活での活用の可能性、導入に向けた手順、必要な環境整備の検討に取り組みました。

２０２１年度には、札幌市研究開発事業「ＩＣＴを活用した『学ぶ力』の育成に関する研究」に取り組み、各教科の授業や特別活動や日常生活での活用の可能性、各ソフトウェアの効果的な活用の可能性、家庭での効果的な活用の可能性などの研究を、学校全体で組織的に進めました。

２年　生活科　まちたんけん

（ⅰ）ＩＣＴ活用を推進する組織体制

・校長、教諭からなる研究推進委員会を設置
・教員による基本操作の習得、端末を活用した教員研修を実施
・児童生徒が端末を活用する際のルールを検討
・Classroom を活用した校務の効率化

（ii）ICT活用の校内通信の発行

中央小では、1人1台端末の導入期から現在に至るまで、校内通信を発行して、教職員への情報共有を図っています。

2020年11月～翌年3月は、「GIGAレポート」通信を32号発行しました。内容は、Chromebookの操作、アカウントの管理、スプレッドシートやJamboardの使い方、Meetの活用法、その他のアプリの特徴と活用法など、基本的な操作方法を中心として、段階的に、実際の活用の効果や協働学習への活用などの情報を提供しました。この間の通信の内容から、学校全体で組織的に取り組むことにより、導入から半年で、代表的なアプリの活用法を共有し、実践が広がっていったことがうかがえます。

2021年度は、「GIGAログ」通信を24号発行しました。その内容は、札幌市教委が導入した「まなびポケット」「スクールタクト」「ミライシード」などの教育用アプリの、授業場面における具体的な活用方法が多く、端末の活用が質的に深まっている様子が窺えます。

2022年度は、「GIGA memo」通信を発行していますが、新年度の更新内容の確認や転入生への対応など、1人1台端末が常時使われることを前提とした情報提供が増えてきています。

中央小の導入時からの動きを見ると、組織的な対応を進めることにより、導入から約半年で基本的な活用が定着し、約１年間で学習や様々な教育活動におけるＩＣＴ活用が常態化したと言えます。

（iii）校務の効率化

中央小では、児童の１人１台端末の活用の推進とともに、校務のＩＣＴ化も進めていきました。中央小の取組で特筆すべきことは、既成のアプリではなく、無償で活用できるクラウドアプリを活用して、主幹教諭を中心として、学校の実態に合うシステムを独自に構築していることです。

◇朝の欠席連絡の改善

・導入前は、毎朝30～40件の欠席・遅刻・早退の電話対応がありました。電話を受け、各担任にメモで伝えることが負担となっていました。この負担解消のために、Forms で連絡を受け、情報をスプレッドシートに反映させ、Classroom で担任が閲覧できるようにしました。連絡が入ると、瞬時に担任が確認でき、電話受付及び伝達の労が解消され、さらに記録としても残るので、後からの確認にも役立っています。

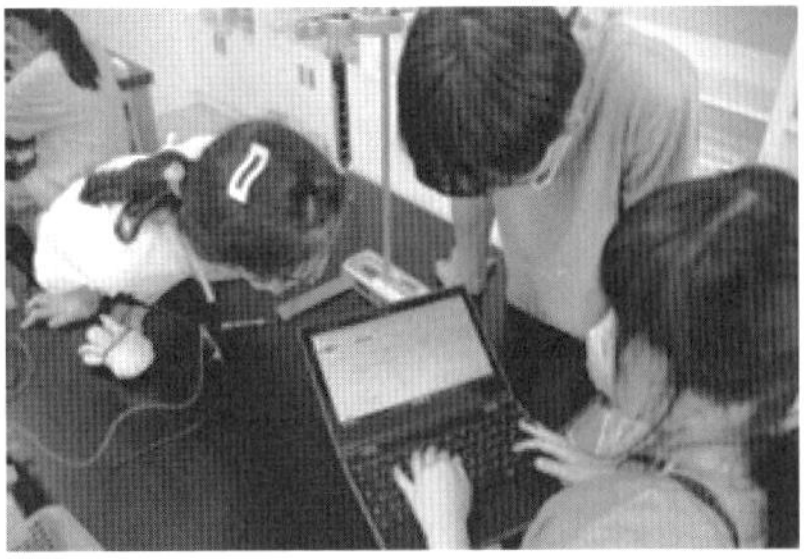

５年　理科　電磁石の実験

◇朝の職員打合せの工夫

・朝の打合せで確認する情報を、Classroom や校務支援システムに掲載することにより、毎朝の職員打合せを月曜日のみとしました。

◇職員会議の資料の配付のデジタル化

・2022年度から、職員会議で紙の資料配付をしないことにしました。職員会議用のClassroomを作成し、紙でなければならない資料以外はClassroomに掲載し、必要に応じて、各自印刷することにしました。

◇児童の健康や生徒指導の経緯などの情報共有の工夫

・全教職員が児童の指導や保護者への対応等を、些細なことも含めてFormsに入力し記録することとしました。情報はスプレッドシートに反映させ、教職員が閲覧できるようにしており、速やかな情報共有を可能にしています。リスクマネジメントの面でも有効となっています。

(2) 中学校の実践

中学校においては、高等学校と同様に、教科担任制を基本としていることから、授業実践を中心に紹介し、併せて、生徒の主体的な活動における事例を紹介します。

ICTを積極的に活用する先進例には、個別最適な学び、協働的な学びを充実させる観点の取組が見られます。観点別学習評価に関わる取組も見られます。

・各教科の特性に応じて、活用するアプリを工夫しながら、ほぼ全教科でＩＣＴを活用した授業を実践している
・生徒同士の共同作業を重視し、各種アプリで共有ファイルを活用している
・生徒会活動や部活動など、生徒が主体的に活用する場を設定している

①北海道教育大学附属函館中学校の実践

北海道教育大学附属函館中学校（以下、「附属函館中」）では、２０１３年度から、タブレットの常時貸与による１人１台端末を開始。２０１７年度からはＢＹＯＤによりChromebookを導入し、ＧＩＧＡスクール構想の７年前から１人１台端末の実践を推進しています。

２０１７、19年度には、文科省の次世代の教育情報化推進事業「情報活用能力の育成等に関する実践的調査研究　情報教育の体系的な推進（ＩＥスクール）」の指定校として、先進的な実践に取り組みました。

(ⅰ）クラウドの活用

・Classroom を各教科や様々な教育活動のベースに活用
・Ｗｅｂサイトの無料アプリも活用

・共有ファイルで、生徒同士の共同作業や遠隔地との交流を実施
・Formsを各種アンケートやテストに活用、結果を瞬時に把握、スプレッドシートで取りまとめ

（ii）授業での活用

◇国語の授業
・ドキュメントに考えをどんどん入力→推敲が容易にできる
・ドキュメントのコメント機能で生徒同士や教員からコメント
・音声入力で、グループの話合いを文字起こし

◇社会の授業
・スライドを共有し、共同編集で資料作成
・共有のスライドを教員が視認し、グループの進行状況を確認
・会議アプリを活用し、福島町立福島中学校との遠隔合同授業を行い、函館市と福島町の課題や解決方法を議論

◇数学の授業
・Formsで、前時の学習の確認テストを実施し、瞬時に結果を把握して、生徒の理解状況に応じて、授業を構成・展開

・GeoGebraを活用して、自分の端末上で、関数グラフや平面図形、立体図形を操作し、試行錯誤を通して理解を促す

◇理科の授業

・単元の学習計画や観点別の評価計画を生徒と情報共有して、生徒自身で学習の見通しを持ち、振り返る

・Googleドライブに、各生徒が観察した校地内の植物の写真を保存して情報を蓄積し、校地内の植物図鑑を作成

◇英語の授業

・外国のニュースなどで、英語を実際の生活の中での文脈のある表現として理解

・Google翻訳を活用して、日本語で書いた自分の考えを英訳して、言語表現の新たな視点を得る

◇学級日誌や修学旅行のしおりの電子化

・電子化することによって、どこでも入力・閲覧

・体験直後に綴った気持ちや思いを「コピペ」で活用

3年　理科　単元の評価シートでの振り返り

◇各種アンケートの実施

・Formsを活用して、授業評価、生徒の自己評価、健康調査などのアンケートを実施

→すぐに結果が分かり、スプレッドシートに出力できる

→必要な情報の生徒へのフィードバックがすぐにできる

◇生徒会活動や部活動での活用

・生徒会のClassroomを作成して、生徒会通信を配信したり、生徒からの声を受け付けたりして、双方向性のある生徒会活動を展開

・部活動のClassroomを作成して、練習の記録などを蓄積して分析

4. 小・中学校での遠隔教育

(1) 免許外教科担任を支える遠隔教育特例校制度

①遠隔教育特例校制度の導入(2019年8月～)

小規模の中学校においては、教職員定数の制約のため、免許外教科担任制度による指導が行われています。2020年度の全国の中学校の免許外教科担任の許可件数は、6572件で、

都道府県別では、北海道が最も多く772件、次いで広島県が431件、千葉県が381件となっています。

免許外教科の指導を行う教員は、授業準備等に、専門とする教科以上に時間を要する場合も多く、大きな負担となっているため、教員の負担を軽減するとともに、生徒にとって、より専門性の高い授業が受けられるよう、当該教科の免許状を保有する教員による指導を可能とすることが期待されています。

文科省は2019年8月に、学校教育法施行規則を改正し、中学校等（中学校、義務教育学校後期課程、中等教育学校前期課程、特別支援学校の中学部）において、受信側の学校の教員が当該免許状を持っていなくても、配信側の学校の当該免許状を持っている教員が、遠隔教育によって授業を行うことを可能にする遠隔教育特例校制度を導入しました。

②幌延町の中学校における実践

北海道の北部に位置する幌延《ほろのべ》町では、早くから、教育の情報化に取り組んできました。同町には現在、幌延中学校（以下、「幌延中」）と問寒別《といかんべつ》中学校（以下、「問寒別中」）の2校の中学校があります。1982年に幌延中に1人1台のパソコンを導入し、いち早くCAI教育（computer aided instruction、コンピュータ支援教育）に取り組みました。1995年度からは、文部省（当時）の「へき地学校高度情報通信設備活用方法研究開発事業（マルチメディア事業)」の指定を受け、問寒別中を実践校、幌延中を協力校として、テレビ会議システム等を活用した教育活動を取り入れ、静岡県や沖縄県などの中学校との交流授業を行いました。2001年度まで指定事業を続け、指定終了後の2002年11月には、幌延情報教育センターを開設し、情報教育の振興に取り組んできました。

2015年頃から、問寒別中は2学級以下の極小規模校の状態が続きました。教員の配置数の制約から、免許状を所有している教員がいない教科があるため、同町教委は、2017年度から幌延中の免許状所有教員に問寒別中の教諭を兼務発令し、授業を実施することとしました。しかしながら、両校は約30km離れており、担当教員にとって、移動に伴う負担が大きく、特に、冬期には、吹雪等の天候状況により移動できず、急遽時間割を変更せざるを得ないことがあるなど、課題がありました。

その課題解決のため、同町教委は、遠隔教育に取り組むことを決定。2019~20年度に、文科省の「新時代の学びにおける先端技術導入実証研究事業(遠隔教育システムの効果的な活用)」の実証校として、幌延中の教員と問寒別中の免許外教科担任が年間を通じて遠隔合同授業を実施しました。

2021年度から、問寒別中は遠隔教育特例校の指定を受け、兼務発令した幌延中の免許状所有教員により、社会や英語の通年授業を実施しています。

２０２２年度現在、北海道で本制度を導入しているのは、幌延町だけです。遠隔教育特例校制度の活用が進まない原因を詳細に調べた調査はありませんが、市町村の情報通信に係る諸条件が要因となっている可能性もあり、今後の検証と普及に向けた取組が待たれます。

幌延情報教育センターにおいては、町内の小中学校（両中学校と幌延小学校、問寒別小学校）４校の教職員への研修、４校の児童生徒への情報教育に関わる授業の実施のほか、町民を対象としたパソコン講習会も実施しています。

２０２０年度には、ＩＣＴ環境を、ＧＩＧＡスクール構想に準じて更新し、21年度には、町内全ての児童生徒が情報活用能力を確実に身に付けるための「系統表」及び「年間指導計画」を作成しました。

中学校の遠隔教育特例校制度の実践は、本書第５章の「北海道高等学校遠隔授業配信センター」の実践と共通の要素があります。

２年　英語　問寒別中（受信校）

（2）積丹町における複式学級の遠隔合同授業の実践

全国で、小学校のへき地学校数が全学校数の2割を超えている都道府県は、2021年度で6道県あります。割合が高い順に、①鹿児島県198校40・1％、②北海道342校35・0％、③沖縄県83校31・6％、④島根県58校29・4％、⑤高知県63校28・4％、⑥長崎県81校25・6％となっています。

児童数が少ない場合、「公立義務教育諸学校の学級編制及び教職員定数の標準に関する法律」による標準では、二つの学年の児童が一学級に所属する「複式学級」を編制することができます。2021年度に、全国の複式学級が存在する小学校は1913校であり、約10％を占めており、北海道では、小学校978校のうち231校が複式学級を有しており、全小学校の23・6％で、全国の都道府県のうち5番目に高い割合となっています。

複式学級では、1人の担任教諭が二つの学年の児童を分けて、各学年を直接指導と間接指導を交互に行う「わたり」、「ずらし」と呼ばれる指導をすることが一般的です。間接指導においては、教師が離れていても児童が協働して主体的に学ぶ機会となっているため、一定の教育効果が見られますが、各学年の「単式」で学ぶ機会もあるとよいと考えられています。

こうした課題を解決するため、複式学級を有する複数の学校が、オンラインによる遠隔教育で結び、例えば、第3学年と第4学年で編制されている複式学級の一方の教師が3年生の遠隔合同授業を、他方の教師が4年生の遠隔合同授業を担当するという実践が行われています。

① 積丹町における遠隔合同授業の実践

積丹《しゃこたん》町には、美国《びくに》小学校（以下、「美国小」）、日司《ひづか》小学校（以下、「日司小」）、野塚《のづか》小学校（以下、「野塚小」）、余別《よべつ》小学校（以下、「余別小」）の4校の小学校があり、いずれの小学校も、複式学級を配置しています。

日司小、野塚小、余別小の3校は、2009年度から合同の教育活動に取り組み、年に3回程度、集会や体育・音楽の授業等の集合学習を行い、2015年度からは、3校に美国小も加えて、学び合い交流学習を年に複数回実施してきました。しかしながら、各校の小規模化が進み、「多様な意見に触れる機会が少ない」、「コミュニケーション力を育成する機会が少ない」などの課題が指摘されるようになってきました。

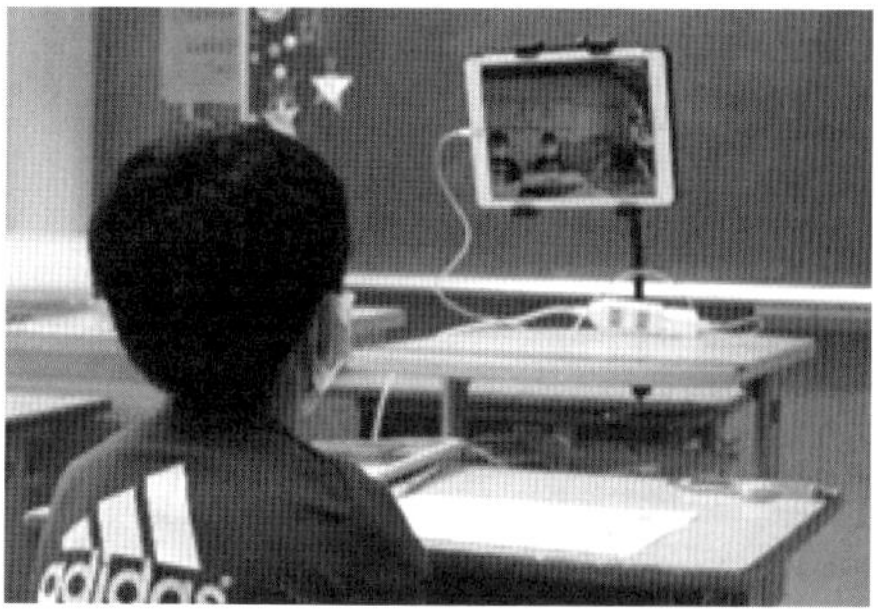
4年　国語　遠隔合同授業

こうした状況を踏まえて、2018年度から、積丹町小規模校活性化推進事業において、「遠隔合同授業」を実施することとしました。野塚小、余別小、日司小3校で3年生の道徳を、余別小と日司小で4年生の国語、算数と6年生の社会を、各学年が単式授業を行う遠隔合同授業を実施し、2019年度からは美国小も加わり、学年単式の遠隔合同授業を実施しています。2021年度現在、野塚小、余別小、日司小では、3年生以上の国語、社会、総合的な学習の時間、学級活動などで、遠隔合同授業を実施しています。積丹町の実践は、小規模校の児童生徒が、遠隔授業を活用することにより、協働的な学びを広げる可能性を示していると言えます。

5．高校はどう受け止め、つないでいくか

小・中学校の先進的な実践から、高等学校で取り組む上で、示唆に富むと考えられることを整理してみます。

(1) 本来のGIGAスクール構想――本質的な授業改善を目指す

コロナ禍により、「学びを止めない」ことを最優先に、「オンライン授業の実施＝GIGAスクール構想の実践」ととらえられる傾向がありました。

本来のGIGAスクール構想で目指していることは、①教師が児童生徒一人ひとりの反応を

即時に把握することができる双方向型の一斉授業、②児童生徒一人ひとりの学習ニーズや学習状況に応じた個別学習、③全ての児童生徒が情報の編集を経験しつつ、多様な意見にも即時に触れられる協働学習などです。（文科省『１人１台端末・高速通信環境』がもたらす学びの変容イメージ」）

コロナ禍前に実現していれば、臨時休業中のオンライン授業でも、ＩＣＴを活用した「主体的・対話的で深い学び」が実現できたかもしれません。先進的に取り組んでいた学校では、本来のＧＩＧＡスクール構想が目指す学びを実現してきたため、双方向授業を実現することができました。

（2）学校全体での組織的取組――ベテランと若い教師が協働する

先進校の実践から、ＩＣＴ活用の実践は、学校全体で組織的に取り組むと、概ね半年間で基本的な理解が広がり、１年間でいろいろな工夫が見られるようになっているようです。

北海道内の小中学校のＩＣＴ活用の実践を見聞きする機会がありますが、組織的な取組を進める役割を担っている先生は、必ずしもＩＣＴ活用に長けているわけではないことが多くあります。よく分からないことから始めることが、校内の先生方の理解を得ているケースがあります。

また、ICT活用を進める際に、機器やアプリの操作を理解することは、あくまでも手段であって、目指すべきは「主体的・対話的で深い学び」、「個別最適な学び」、「協働的な学び」の実現です。その観点からはベテラン教師の方が、より本質的な活用法のヒントを有していることが多くあり、若い教師のICT技能とベテラン教師の授業技術とが協働する授業研究を進めることが効果的です。

(3)遠隔授業——小規模校の学び、登校できない時の学びを保障する

遠隔授業の導入により、教える教員がいない教科・科目の設定や免許外教員の解消、他校との合同授業による小規模校の協働的な学びの充実などのメリットがあります。また、様々な事情で登校できない児童生徒への指導の可能性なども視野に入れて、取り組んでいくことが求められています。教育委員会が先を見通して、新たな取組を施策に位置付けていくことも重要です。

(4)小中の流れを高校教育へつなげる

前出の附属函館中では、PC端末の活用を「教具から文具へ」とし、「これまでは先生が活用」「これからは児童生徒が活用」を目指しています。令和3年答申では、「ICTにより現実の

社会で行われているような方法で児童生徒も学ぶなど、学校教育を現代化することが必要である。児童生徒自身がＩＣＴを文房具として自由な発想で活用できるよう環境を整え、授業をデザインすることが重要である」と述べています。

高等学校においても、２０２４年度までに１人１台端末環境整備が完了予定で、同時双方向型のメディア活用も普及している状況にあります。小中学校で１人１台端末を当たり前のものとして過ごした生徒たちが高等学校に進学します。小中学校の実践を参考にしながら、高校生がより効果的にＩＣＴを活用できる環境を整備して、個別最適な学びと協働的な学びを実現させることが求められています。

国においては、デジタル庁が主導して、「教育データ利活用ロードマップ」（２０２２年１月）を策定し、教育のデジタル化のミッションを「誰もが、いつでもどこからでも、誰とでも、自

先生が活用

生徒が活用

（附属函館中学校）

分らしく学べる社会」と掲げています。MEXCBT（メクビット＝文部科学省CBTシステム）の拡充・活用推進、校務支援システムのクラウド化、校務系・学習系ネットワークの統合など、次世代の校務DXに向けた検討が進められる（2022年12月文科省が「学校教育情報化推進計画」を策定、2023年3月文科省設置の「GIGAスクール構想の下での校務の情報化に関する専門家会議」が「GIGAスクール構想の下での校務DXについて〜教職員の働きやすさと教育活動の一層の高度化を目指して〜」を策定）とともに、デジタル社会を見据えた教育の在り方の検討も進められていることに、注視していくことも必要です。

おわりに

今から100年余り前のアメリカにおいてジョン・デューイ(1859〜1952)は、著書『学校と社会』の中に「教育のコペルニクス的転換」という言葉を記している。幌馬車から機関車・自動車へ、ランプがガス燈・電気へと変わりゆく時代において、旧教育は新時代に相応しいものへと変革させていかなければならないとの論考は、「教育はよりよい未来を拓く人を育む」ためにあることを再認識させてくれる。

活版印刷術の普及からはじまる近代学校教育制度は、3Rsを平等・均一に学ぶ環境を成立させ、工業社会の発展に大きく寄与した。20世紀後半からのIT社会を超えて、21世紀に展望されるSociety 5.0の目標は、一人ひとりの多様な幸せ(Well-Being)であり、AIやIoTなどの科学技術の進展も分断や格差の解消に向けて、人類全体と個人の幸福のために活用されてこそ意味がある。「個別最適で協働的な学びをつなぐICT教育」の真価は、そこが問われているのではないだろうか。

本書は構想(2022年6月)から発刊まで1年余りの歳月をかけた。構想の当初は小中学校でGIGAスクール構想を、高校でどう展開するかに着眼していた。しかし、昨年秋にはChat Gptが話題になり、いまや生成系AI（Generative AI）の急激な進歩が人間社会の在り方、個々の生き方に大きな変革をもたらすとの広範な議論が行われている。

また、本年5月には新型コロナ感染症が5類へ移行したのに伴い、ICT教育もオンラインツールの活用から、時間・空間・仲間を超えるための重層的な役割を担うことへの期待が高まっている。まさに、科学技術の発達は日進月歩であり、知識や技能は陳腐化することから、ICT教育を進めるにあたってはその本質に遡って考察することが重要である。

本書は高校のICT活用に役立てていただこうと、有為で先導的な実践を掲載した。ただ先述の通り、「ICT活用」が進展し続けていることに思いを寄せて、さらに踏み込んで「個別最適な学び」「協働的な学び」の一体的な実現のための「ICT教育」とは何かに重点を置いて編集した。この発想は担当編集である学事出版の二井豪さんとの対話の中から生起したものであり、彼の情報収集力と先見性に感謝している。また、こうした難しい趣旨にご理解いただき、何度か内容や構成をも変えながら執筆をいただいた仲間である、執筆者の皆さんにお礼を申し述べたい。

教育改革には、よりよい未来を担う人を育むための社会観・人間観・教育観があってこその学力観・指導観が必要であり、これからの学校教育の目標・内容・方法・評価を考える際に

「個別最適な学び」「協働的な学び」の意義を問い直し、ICTがそれらの懸け橋になり得るかを考察することが重要である。本書がその一助となればこの上ない幸いである。

2023年7月

堂徳　将人

【執筆者一覧】

第1章・おわりに
堂徳　将人（編著者）

第2章
鹿野　利春（かの・としはる）
京都精華大学メディア表現学部教授／前文部科学省高等学校情報科担当教科調査官

第3章
林　正憲（はやし・まさのり）
高宮学園代々木ゼミナール教育総合研究所主幹研究員／前北海道札幌北高等学校長・前北海道高等学校長協会会長

第4章
佐藤　一昭（さとう・かずあき）
北海道小樽潮陵高等学校長／前北海道別海高等学校長・元北海道教育委員会教育環境支援課課長補佐（ICT担当）

第5章
元紺谷　尊広（もとこんや・たかひろ）
北海学園大学経営学部常勤講師／前北海道有朋高等学校長・前北海道高等学校遠隔授業配信センター長

第6章
赤間　幸人（あかま・ゆきと）
北海道教育大学教職大学院特任教授／元北海道教育委員会学校教育監

【編著者略歴】

堂徳　将人（どうとく・まさと）
北海商科大学学長

1956年、北海道夕張市生まれ。1978年、北海学園大学卒。同年、北海道立高等学校社会科（地歴・公民科）教諭、1994年、北海道立教育研究所教育方法研究室長、北海道教育委員会高校教育課、道立高校教頭・校長等を経て、2008年から北海商科大学教授。入試・広報センター長、商学部長等を歴任し、2023年より現職（兼学校法人北海学園理事）。

研究分野は公民教育学（シティズンシップ）・クロスカリキュラム・教育経営学など。「光は北から」をモットーに理論と実践の往還に基づく教育研究を進める。総務省主権者教育アドバイザー（2017年～）、北海道公民教育学会初代会長（2022年～）、全国私立大学教職課程協会副会長（2023～）等も歴任。

著書に『公民教育の新展開』『高校生を主権者に育てる』『社会に開かれた教育課程を実現する高校』（以上、学事出版）など多数。

高等学校　ＩＣＴ活用で実現する
個別最適な学び・協働的な学び

2023年８月30日　初版第１刷発行

編 著 者　堂徳　将人
発 行 人　安部　英行
発 行 所　学事出版株式会社
〒101-0051　東京都千代田区神田神保町1-2-5
電話 03-3518-9655
HP アドレス　https://www.gakuji.co.jp
編集担当　二井　豪
カバーデザイン　弾デザイン事務所
印刷・製本・組版　電算印刷株式会社

ISBN 978-4-7619-2951-0　C3037　Printed in Japan